指揮棒はわが最愛の楽器なり

佐藤菊夫

目次

指揮棒はわが最愛の楽器なり

■音楽一家に生まれる

■戦時下の青春時代

■音楽家を目指して

■ウィーン留学の日々

音楽一家に生まれる

胸に刻む「至芸通神」

20世紀を代表する指揮者の一人、カール・ベーム（１８９４〜１９８１年）は「指揮者は、その曲の最高の表現ができた時、神になる」といった言葉を残しています。演奏を通じ、宇宙観のようなものを表現するのが指揮者です。私はベームの言葉を「至芸通《しげいつう》神《しん》」と言い換え、座右の銘としてきました。

音楽家として生きる決心をしたのは20歳の時です。戦後間もない時代で、日本はすさんでいました。「こういう時代だからこそ、人の心に音楽が必要なのだ」と確信しました。

２０１５（平成27）年11月で86歳になりました。国内のオーケストラ指揮者では最高齢です。１９６３（昭和38）年に始めた自主公演「佐藤菊夫シンフォニーコンサート」は年２回のペースで開いていましたが、２０１２年の第89回公演で一区切りとしました。一番の理由は体調です。

５年半前に腰痛がひどくなったため手術を受けました。一時は歩くのもつらい状態で、もうステージには立てないかもしれないと覚悟しました。２０１５年２月には大腸に穴が開いているのが見つかりました。腹部の不調の原因が大腸炎と分かり、開腹して臓器を洗浄しました。かつては85キロあった体重も62キロまで落ちました。

それでも、指揮台に立つ意欲は失いませんでした。体力の衰えは感じますが、今は健康に不安はありません。指揮者の仲間は「佐藤さんはまだまだこれからです」と言ってくれます。

今もいくつかの楽団を指導しており、週に４日ほど練習に励んでいます。若手の育成はとても重要です。２０１５年10月には常任指揮を務める横浜合唱研究会の創立50周年コンサートを、同12月には世田谷区民吹奏

横浜合唱研究会の練習を指導する＝2015年7月3日、横浜市戸塚公会堂

楽団創立25周年コンサートを開催しました。私にはまだまだやることがある。そう思っています。

生まれた日から音楽

「おぎゃあ」と生まれたその日から、楽器の調べを聴いて育ちました。父の新次郎が大の音楽好きで、西洋音楽の演奏を趣味にしていたためです。トランペットやサクソホン、クラリネット、バイオリンなどさまざまな楽器を買いそろえては、子ども6人（4男2女）全員に教えていました。

私が生まれたのは1929（昭和4）年、世界恐慌の起きた年です。出身は秋田市と合併する前の旧南秋田郡土崎港町。人口は当時2万人ぐらいだったと思います。

実家は製綿業です。将軍野1区、今の土崎港東2丁目で「佐藤わたや」という店を営んでいました。東京の問屋から木綿を仕入れ、布団や座布団、丹前にして販売していたほか、布団の打ち直しも請け負っていました。あの辺りではわが家が一番古かったと思います。実家は建て替えていますが、今も同じ場所にあります。

兄3人、姉1人、妹1人の四男で、「菊夫」はキクの季節の11月に生まれたことに由来します。花の栽培も趣味にしていた父の命名です。

楽器を始めたのは3歳の時です。父から打楽器の手ほどきを受けたのが最初です。膝の上に乗って、いろりの縁をばちでたたいてリズム感を鍛えられました。

両手の指にたこができるほど練習したものです。いろりの縁がボコボコになってね。指揮者に欠かせない基礎的なリズム感は、あの時に養われたんだろうと思います。

5歳ごろになると、アルトホルンを吹き始めました。後ろから父が手を添え、三つのピストンを使ってドレミの音の出し方を教えてくれたのを覚えています。クラリネットやバイオリンも習いました。

わが家ではこれが日常でしたが、周りにこんな家はありません。父は近所で変わり者と思われていたようです。私も子ども心に、うちは変わった一家だなあと思っていました。

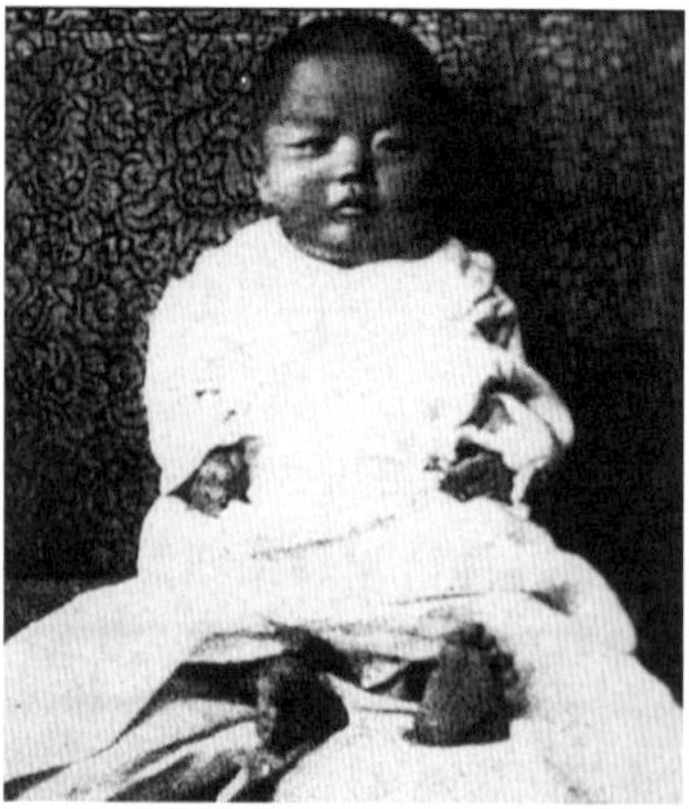

1歳のころ

小金をため楽器購入

父新次郎は外旭川村（現秋田市外旭川）の地主の家に生まれました。でも曽祖父が道楽の人で、草競馬に入れ揚げて「かまけして」しまった。「身代をつぶして」しまったんです。

広かった家屋敷を四つに分けて売却したそうです。幼いころ、父に手を引かれ「ここに大きな家があったんだよ」と教えられたのを覚えています。

少年時代の父は三味線や尺八に親しみ、剣舞に熱中していたようです。転機は1908（明治41）年。鉄道院土崎工場（後の国鉄土崎工場、現ＪＲ秋田総合車両センター）が、わが家から歩いて10分ほどの場所で操業を始めたことです。

初代工場長の飯山敏雄さんが無類の音楽好きで、職場に「雲雀野《ひばりの》音楽隊」という吹奏楽団をつくりました。楽団名は工場のそばにヒバリがさえずる野原が広がっていたことに由来します。指導者には海軍軍楽隊出身の久田八郎さんを仙台から迎えました。

父はその音楽隊の一員になりたい一心で土崎工場に就職しました。西洋音楽に目覚め、クラリネット、サックス、ユーフォニウム、バスチューバなどに入れ込み、腕を上げたといいます。久田さんの検定で楽手の技量証明書をもらい、サイレント映画の伴奏のアルバイトもできるようになりました。

父は飯山さんを大変尊敬していました。名前をもらって次男に「敏雄」とつけたほどです。だから、飯山さんが転勤になると、さっさと工場を辞め、製綿業に転じてしまった。工場勤めは給料が安く、欲しい楽器を思うように買えないということも理由だったようです。

私が小学生のころは家業は比較的順調でした。た

生まれ育った秋田市土崎港東２丁目の現在の町並み

だ、父は小金がたまると上京し、楽器を買いそろえるということを繰り返していました。当時はどれも高価でしたから家計は大変だったと思います。母はよく「これで少しはぜいたくができると思ったのに」とこぼしていました。

親子合奏団、人気博す

1928（昭和3）年、父新次郎は、わが子と一緒に「佐藤管楽アンサンブル」を編成し、演奏活動を始めました。アンサンブルは小人数の合奏団のことです。

初めは父と次男敏雄の2人だけでしたが、31年に長男新太郎、33年には三男幸男と私を引き入れて5人編成としました。当時4歳だった私は打楽器の担当でした。

さまざまなステージに立ちましたが、特に37年の県吹奏楽大会での演奏は絶賛されました。気を良くした父は、姉セツと妹澄子を加えた7人編成としました。NHKのラジオにも何度も出演しましたよ。県内では有名な一家でしたね。

父が買った楽器は20種類ほどありました。練習は毎日、夕方5時から6時半まで。友達と遊んでいる最中でも、兄や姉が迎えに来ます。サボると叱られましたし、夕食抜きになることもありました。

遊びたい盛りだったので、嫌で嫌で仕方なかった。でも、自分一人でストライキを起こすわけにもいきません。親子、きょうだいが一緒に取り組み、家族の結束が強くなったように思います。毎日練習を続けたことで、演奏も上達していきました。

何より演奏会が楽しかった。聴きに来てくれる人みんなが喜び、拍手をしてくれましたので、いいことをしているんだと実感できました。子どもながらに喜びを感じていました。

父が私たちに音楽を仕込んだのは、長兄の存在が大きかったと思います。私より11歳上の新太郎はポリオ（小児まひ）にかかり、両脚が不自由でした。合奏を通じ、父は子どもたちに仲良く助け合って生きてほしいという願いを込めたのでしょう。

父は私が小学2年の時、中古のピアノを購入しました。当時はピアノ1台で家1軒が建

10歳のころ。ユーフォニウムを手に

つといわれていました。土崎港町でピアノがあるのはほかに2軒ほどでした。父の念願だったとはいえ、かなり頑張ったはずです。

黒煙と火柱に震える

今年も8月14日がめぐってきました。時代はぐっと下りますが、15歳で経験した土崎空襲の話をしましょう。

70年前のあの日の夜の記憶は今も鮮明です。空襲警報が鳴り響く中、地域の消防団長だった父は「土崎が危ない」と言い残し、詰め所に向かいました。

家から5、600メートルほど離れた所に小屋があり、戦禍を避けるために楽器や家財道具の一部を移していました。小屋には長兄が住み込み、夜は母と妹も寝泊まりしていました。

父が出掛けた後、姉と私は家に残りましたが、前の通りを大勢の人たちが列を成して逃げていくのを見て、私たちも小屋に向かうことにしました。

避難する人たちの多くが、白い布を頭からかぶっていました。米軍の「特殊爆弾」から身を守るためです。

広島と長崎への原爆投下から何日かたっていましたが、新聞やラジオは白い布をまとえば特殊爆弾の被害を防げると報じていました。あの当時は皆、自分の命を守ろうと必死だったのです。

米軍のB29爆撃機の大編隊は、秋田港に面した日本石油秋田製油所を標的に、おびただしい数の爆弾を落としました。

自宅からは2キロしか離れていません。石油タンクに爆弾が命中すると、グワーッというものすごい爆音とともに、黒煙と真っ赤な炎が空高く立ち上りました。恐ろしさで体が震えました。

土崎空襲で爆撃を受けた日本石油秋田製油所

空襲は15日未明にかけて続きました。朝、家に戻ると、父も無事に帰宅していたので安心しました。正午から隣近所の人たちと一緒に玉音放送を聞きました。日本が戦争に負けたことに落胆する人もいましたが、私は正直、ほっとしました。

忘れようと思って生きてきましたが、忘れることのできないつらい記憶もあります。あの時代を生きた人に共通する苦しみでしょう。戦争という過ちは二度と繰り返してはなりません。

戦時中にチェロ弾く

両親ときょうだい6人で撮った家族写真です。後列右端が小学4年の私。脇にはピアノが写っています。

前列左端が母テツです。和讃《わさん》の名手で週に1度、菩提寺《ぼだいじ》で人に教えていました。幼いころ、寺の地獄絵の前で「悪いことはしていけないよ」と諭されたのを覚えています。

母は家族で唯一「佐藤管楽アンサンブル」に入っていませんでした。家業の製綿業が忙しくて、それどころではなかったようです。父新次郎も仕事熱心な人でしたが、家計は母に任せきりでした。

父が地元の音楽愛好家らに呼び掛け「土崎管弦楽団」を結成したのは1934（昭和9）年のことです。団員は多い時で25人ぐらいいました。

練習場所はうちの工場の一室でした。続々とやって来る団員に、母はせっせとお茶を出していました。それでも、母の口からは愚痴一つ聞いたことがありません。

母も音楽に興味がないわけではなかったと思います。父がピアノを購入すると、時間を見つけ一人で練習していました。ポロン、ポロンと奏でるピアノの音色は、子守歌のように響いたものです。

戦時中、母はよくチェロを弾いていました。戦禍を免れるため、ピアノをはじめ主な楽器は農村部の親類の元にも預けていましたが、チェロはケースがなかったので、わが家に残していたのです。2階の一室だけ窓を幕で覆い、明かりが外に漏れないようにしていました。灯火管制の下、母はチェロの練習を始めたのです。

わが家の家族写真。後列左端の背広姿が父新次郎。後列右端が小学４年の菊夫

音楽といえば、軍歌しか許されないような時代です。周りの目もあったと思いますが、思いっきりチェロを弾いていました。次男が応召し、三男も予科練（海軍飛行予科練習生）に志願し家を出ていましたので、チェロに夢中になることで不安や寂しさを紛らしていたのかもしれません。

空素沼で泳ぎ鍛える

わんぱくな少年でした。友達とよく相撲を取って遊んだものです。土崎第一尋常高等小学校（現土崎小）5年の時には、全県大会の出場メンバー（5人）に選ばれました。根っからの文化部系ではないんですよ。

私の家があった将軍野には、栗原源蔵さんという実業家が建設した遊園地がありました。庭園や演芸場、料亭、動物園、陸上競技場、野球場、テニスコート、相撲場などを備えた広大な施設でした。

〈栗原源蔵（1872〜1955年）は埼玉県出身。父の事業失敗で小学校を3年で中退し、土建業界に身を投じる。栗原組を興し、奥羽線建設のため秋田に移住。羽越線や五能線の工事も手掛けた。県建設業協会初代会長〉

遊園地にはプールもありました。その水は、今の聖霊短大の近くにある空素沼《からす》から引いていました。遊園地は有料でしたから、よくその沼で泳いでいました。旧制秋田中学校（現秋田高）や秋田高等女学校（現秋田北高）も水泳の練習場所にしていました。

沼は岸から10メートルほど離れると、急に深くなります。溺れて亡くなる子どももいて、親からは「空素沼では泳ぐな」と言われたものですが、構わずこっそり出掛けていました。

海が近いので夏場は海水浴にも熱中しました。小学生のころは夏休みに1週間ほど、先生の引率で水泳練習があって、岸から4キロぐらいは泳いだと思います。潮の流れが速く、うっかりすると沖へ流されてしまいます。監視のやぐらを目印にして泳いでいました。

管楽器をやっていたので心肺機能は強かったと

少年時代、親の目を盗んで泳いだ空素沼

思います。長距離走が得意で、戦後の秋田中5年の時に再開された校内マラソン大会で3位に入り、全県駅伝の代表に選ばれました。でも、練習中にズック靴の底が割れて傷口からばい菌が入り、化膿《かのう》してしまった。泣く泣く代表を外れました。

熱血だった渡辺先生

土崎第一尋常高等小学校（現土崎小）時代に印象に残っているのは渡辺八郎先生、4～6年（6年時は土崎第一国民学校）の担任です。

秋田師範学校出の剣道の大家で、とても厳しい人でした。鍛錬のため、冬に校庭の雪の上をはだしで走らされたこともあります。泣きだす児童がいると怒るんです。

6年の時、私のクラスから7人が旧制秋田中学を受験し、全員が合格しました。秋田中の合格者は、それまで1学級で3人程度でしたので、過去最多だと話題になったものです。

学力に自信があったわけではありません。受けるだけ受けてみようという気持ちで挑戦しました。合格できたのは指導熱心な渡辺先生のおかげだと思っています。

昭和40年代半ばに土崎小の校舎が新築されました。当時、教頭だった渡辺先生から、新しい体育館で子どもたちに演奏を聴かせてほしいと電話で頼まれました。単独でオーケストラを招くには多額の費用が掛かるので、県主催の演奏会で来県した際に空いている時間を使って演奏してくれないか、とのことでした。かわいい後輩たちのためならと喜んで引き受けました。

昼前に学校に到着すると、児童の父母がおにぎりとなめこ汁でもてなしてくれました。楽団のメンバーたちは「さすがにコメがおいしい」とかぶりついていましたよ。

土崎では本格的なオーケストラによる初の演奏会でもありました。母校の児童や地域の人たちに演奏を披露でき、私自身、すごく感激しました。

渡辺先生は教職を退いた後、凌雲館渡辺道場を開き、子どもたちの指導に情熱を注いでいました。

小学校時代の恩師、渡辺八郎先生

「少年剣士」という道場歌は、先生に頼まれて作った曲です。作詞は渡辺先生。試合会場に向かうバスの中で歌い、士気を高めていたそうです。

渡辺先生は5年前に92歳で他界しました。先生の姿は、いまも目に焼き付いています。

先生は最高齢者日本一剣士となりました。

銀幕の指揮者に憧れ

私が最初に知った指揮者は、米映画「オーケストラの少女」に出演したフィラデルフィア管弦楽団の常任指揮者レオポルド・ストコフスキーです。英国生まれで、ノン・タクト（指揮棒を持たない）の個性的な指揮で知られていました。

〈「オーケストラの少女」は1937年公開。天才子役と呼ばれたハリウッド女優ディアナ・ダービン（1921〜2013年）が主演し、大ヒットした。仕事にあぶれたトロンボーン奏者を父に持つ美声の少女が、失業した演奏家を集めて結成した楽団を成功に導くために奮闘する物語〉

秋田市の映画館で先に見た父が「いい作品だから家族みんなで見よう」と言い、土崎港町の映画館に出掛けました。

映画館は畳敷きで、私は父に寄り掛かりながら見ました。両手を大きく振って指揮するストコフスキーの姿が、よほど格好よく見えたのでしょう。まだ指揮法のイロハも分からない年ごろでしたが、この時の印象が心に強く残りました。

昭和15（１９４０）年は皇紀２６００年とされ、全国津々浦々で奉祝国民歌「紀元二千六百年」が歌われました。当時、私は小学４年でした。ある日、学校でこの歌の指揮者に指名されました。

この時、音楽の女の先生から「右手だけで１、２、３、４とやればいいから」と言われたことに納得がいかず、「嫌です」と断りました。指揮をするのなら、ストコフスキーのようにやりたかったからです。そんな私の態度に先生はむっとして「じゃあ別の人に頼むわよ」と、何人かの児童を指名しましたが、誰もできません。結局、私にお鉢が回ってきました。

先生から「思い通りにやりたいの？」

映画「オーケストラの少女」のＤＶＤジャケット

と聞かれたので、「そうです」と答えました。そして、両手を大きく振り、思い切り指揮しました。とても気持ちが良かったのを覚えています。後に指揮者を目指す私にとって貴重な経験となりました。

戦時下の青春時代

小田島樹人と出会う

旧制秋田中学に入学したのは1942（昭和17）年、太平洋戦争開戦の翌年です。日本軍の戦況が悪化する前で、当時はそれほど重苦しい空気は感じられませんでした。迷うことなくブラスバンド部に入りました。部員は1年から5年まで合わせて25人ほどでした。私が受け持ったのはユーフォニウムです。楽器が余っているという理由で、割り当てられました。

一番得意だったトロンボーンをやりたいと思っていたのに、希望は聞き入れられませんでした。それでも、放課後の練習が毎日とても待ち遠しかった。小田島樹人《じゅじん》先生がブラスバンド部を指導していたからです。

〈小田島樹人（本名次郎、1885～1959年）は鹿角市花輪生まれ、東京音楽学校（現東京芸大）卒。「おもちゃのマーチ」「山は夕焼」など数多くの童謡を作曲。36年に帰県し、花輪高等女学校や秋田中で講師を務めた。樹人は俳号。ホトトギス系の俳人

としても知られた〉

小田島先生は国内でも指折りの童謡作曲家でした。代表作「おもちゃのマーチ」は米国の女優シャーリー・テンプル（1928〜2014年）が子役のころ、日本語でレコードに吹き込み、大ヒットしました。

ブラスバンド部の練習は初めに上級生が下級生を指導し、小田島先生が総仕上げする形を取っていました。胸をわくわくさせながら、先生の教えを受けたものです。

小田島先生が花輪高女から秋田中学に招かれる際、秋田中学の教員から「なぜ南部藩（現在の鹿角市・郡は江戸時代に南部藩領だった）出身の人間を秋田中学に呼ばなきゃいけないんだ」と反発の声が上がったといいます。当時の玉木正行校長が「童謡では十傑に入る大作曲家ではないか。南部藩だから、

旧制秋田中学４年のころ

どうだのこうだのと言うのはけしからん」と一喝し、迎え入れたそうです。
でも先生は冷遇されたのか、ずっと講師のままでした。

いい旋律があらぁな

小田島樹人先生に関して思い出深いのは、終戦直後に旧制秋田中学で開いたレコード鑑賞会です。

戦時中は音楽といえば、軍歌一色という時代です。ブラスバンド部も戦況の悪化に伴い、自然消滅した格好でした。しかし、終戦を迎え、抑え込まれていた音楽への情熱が再び湧き上がってきました。長い間、聴くことを許されなかった西洋音楽のレコード鑑賞会を催そうと考えたのです。

小田島先生は賛同してくださり、解説も引き受けてくれました。かつてのブラスバンド部員や音楽に理解のある仲間に発起人になってもらい、全校に来場を呼び掛けました。当日は会場の音楽室が満員になり、廊下にも生徒があふれました。

シューベルトの未完成交響曲が静かに終わった時です。先生が感極まった様子で「いいメロディーがあらぁなー」とつぶやくように語りました。戦時中の重苦しさから解放された実感がこもっていました。私も胸が熱くなった。今も忘れられない言葉です。

　私は先生から個人的に作曲理論などについて教えを受けました。秋田中を卒業後、曲折を経て音楽の道に進む決意をしたことを報告すると、「わしは声楽しか作曲できなかったけど、おまえは器楽の方で頑張れよ」と激励してくれました。この言葉も私の音楽人生の支えになりました。

　小田島先生は私がウィーン留学中の1959（昭和34）年に他界しました。帰国後に亡くなったと知りました。教え子の仲間たちで「爺《じ》っこ会」という先生をしのぶ会をつくりました。

　われわれが先生を爺っこと呼んでいたことから、その名が付きました。その後、先生の故郷の花輪に近い十和田湖にちなみ「十湖《じっこ》会」としました。

　われわれ教え子も相当の爺っこになりました。昔の

音楽の師、小田島樹人先生

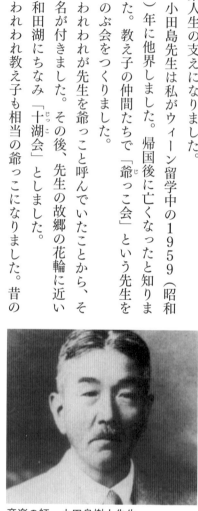

仲間たちと会う機会も減ってきましたが、元気なうちにまた集まって思い出を語り合いたいものです。

恩師の曲メドレーに

「ヨナ抜き音階」をご存じですか。ドレミファソラシの4番目のファと、7番目のシを抜いた「ドレミソラ」のことです。民謡や童謡に用いられている日本固有の音階（五音音階）です。

日本は明治期に西洋音楽の音階を導入しましたが、日本人が覚えやすいようにとドレミファソラシを数字に置き換えました。楽譜は五線ではなく、数字を並べただけのものでした。オクターブが上の場合は数字の上に点、下の場合は下に点を付けて表しました。

数字の楽譜は広く普及し、一時期定着しました。昭和に入っても、わが家では五線の楽譜を使っていましたが、旧制秋田中学のブラスバンド部は数字の楽譜でした。

県教育委員会の依頼を受け、小田島樹人《じゅじん》先生の童謡メドレーを作る際、この数字の楽譜に泣かされました。先生が童謡作曲家として活躍した当時、五線の楽譜はまだ一般的ではありませんでした。そのため、先生は作品の多くを数字の楽譜で残していたのです。

メドレーの編曲を手掛けたのは、１９９２（平成４）年の夏でした。家族でスペインのマジョルカ島に滞在した折、暇な時にちょっと編曲を進めようかなと思って楽譜を持参しました。ところが30～40曲の楽譜を見ると、ほとんどは数字で書かれたものでした。

私は地道に、数字を五線に直し、ピアノの伴奏を書き、オーケストラに編曲する作業を繰り返しました。歌についても、独唱と各種合唱をどう組み合わせるかを考えました。最終的に15曲をピックアップしメドレーにしたのですが、かなり苦労しました。

翌年の小田島先生の命日（10月11日）に秋田市

秋田市のアトリオンで開かれた小田島樹人メモリアルコンサート＝1993年

のアトリオンで、先生の業績をしのぶメモリアルコンサートが開かれました。自分が編曲したメドレーを指揮しながら、在りし日の恩師の姿を思い浮かべ感涙しました。

別れの杯はどぶろく

旧制秋田中学の2年に上がると、戦争の影は一段と濃くなりました。1943（昭和18）年でしたからね。

労働力不足を補うため、農繁期には休校となり、農家の手伝いに駆り出されました。周りでは陸軍幼年学校に進んだり、予科練（海軍飛行予科練習生）に志願する生徒もいました。

3年の時、予科練に行く同級生の送別会を生徒だけで開きました。私は一升瓶に入れたどぶろくを持参しました。母に「お神酒で乾杯して送ってやりたい」と頼み、用意してもらったものです。みんなで杯を交わし、予科練の歌を歌いました。初めて酒を飲む連中ばかりで、みんな少々酔っぱらいましたね。

この時、4人の同級生を送り出しましたが、仲の良かった長谷川俊雄君は生きて帰ってくることはできませんでした。優秀な男だっただけに残念でなりません。

3年時では授業が土曜だけになりました。勤労動員のためです。貨物列車から石炭を降ろす作業や、飛行機の燃料などに使う松根油《しょうこんゆ》を取るため、松の根を掘る作業に従事しました。

土曜は理数科目のほか、軍事教練がありました。「日本が勝つまでは」とたたき込まれました。教官から「志願して兵隊に行け」と怒鳴られたものです。

学年の途中からは土崎工機部（後の国鉄土崎工場）に徴用されました。授業は一切なくなりました。

私は、鉄道車両のサスペンションに使う板ばねを再生する部署に配属されました。コークスの火で熱した鉄板をひたすらハンマーでたたく仕事です。

「月月火水木金金」という軍歌の通り、週7日、朝

予科練志願者の送別会＝1944年、旧制秋田中学3年の時

から晩まで働きました。本当につらかった。

でも、ろくに仕事のない部署もあったそうです。自動車部の連中は大層楽だったと言っていました。何しろ、自動車を動かすガソリンが日本にはなかったのですから。

レコード割られ落胆

終戦までの2年間は、好きな音楽から遠ざかっていました。家で楽器を鳴らすのも、はばかられました。

米英の音楽は敵性音楽とされ、レコードは没収されました。警察に持っていくと、その場で割られるのです。

「日本の同盟国だったドイツやイタリアの楽曲のレコードなら問題ないでしょう」と言っても、警察官は分かってくれませんでした。アルファベットが書かれたものであれば、全て目の前で壊されました。

子どものころから、家にあった手回しの蓄音機で西洋音楽を聴くのが大好きでした。ベートーヴェンやチャイコフスキー、ドボルザークらのさまざまな名曲を聴いていました。だから、レコードを割られた時の落胆は大きかった。

父新次郎が1934（昭和9）年に結成した土崎管弦楽団も、団員の召集が相次ぎ、

7年後に解散しました。出征の際は軍歌を演奏して送り出しました。

両脚が不自由な長兄の新太郎は、つえを突きながらトランペットを吹き鳴らしていました。応召する友人たちを精いっぱい激励しようとしていたのだと思います。

戦時中で思い出すのは食べ物のことです。食べ盛り、育ち盛りだったからでしょう。勤労動員で朝から晩まで働かされていた上に、栄養状態もよくないため、みんなフラフラしていました。

でも、戦後の食糧難に比べれば、よっぽどましでした。終戦の翌年あたりから、しばらくサメばかり食べていた記憶があります。サメなんて、それまでほとんど食べたことがなかった。

身が大きくて安いから重宝されたのでしょう。弁当のおかずはサメのみそ焼きが続きました。朝、通学の電車の中で友達と弁当の話をしては「さめざめと悲しくなるね」としゃれ

旧制秋田中学時代、通学に利用した電車の将軍野停留所（「土崎の史誌」より）

を言っては、乗客から爆笑されました。それも懐かしい思い出です。

校舎全焼にショック

終戦の1945（昭和20）年8月15日は、旧制秋田中学4年の時に迎えました。

ようやく学校生活が再開したと思ったのもつかの間、米進駐軍が9月、秋田市手形の校舎を接収しました。われわれ秋中生は仮校舎を転々とすることになります。将軍野の石油学校（帝国石油鉱手養成所）と市内の国民学校（小学校）を経て、秋田駅前の旧陸軍歩兵第17連隊の兵舎に移されました。

戦時中、修業年限が5年から4年に短縮されていましたので、46年春に卒業を迎えるはずでした。しかし、同年2月に5年制が復活し、卒業は1年先送りとなりました。

ブラスバンド部の復活を期待していたわれわれにとって、思わぬ出来事が起きました。45年12月、手形校舎が火事で全焼したのです。進駐軍による失火でした。校舎には戦時中まで使用していたブラスバンド部の楽器が保管されていましたが、それも焼失してしまいました。本当にがっかりしましたよ。

そこで考えついたのが、合唱部とハーモニカ部の結成でした。合唱はピアノやオルガンがあればできますし、ハーモニカなら手軽に手に入る。募集をかけたところ、両部合わせて70人ぐらい集まりました。下級生が多かったですね。部活動への憧れがあったのでしょう。当時、運動部の多くは道具や練習場所がなくて活動できませんでした。

創部は46年春、顧問は小田島樹人《じゅじん》先生です。ふだんは上級生が指導し、私は指揮者を務めました。

小田島先生は、大曲や実家のある花輪への演奏旅行を企画してくれました。食料不足の折、

進駐軍宿舎（秋中校舎）全焼

火災に因縁の敷地

知事、警察部長
進駐軍を見舞

旧制秋田中学校舎の全焼火災を伝える秋田魁新報の記事

旅館はコメ持参でなければ泊めてくれませんでした。みんなでコメを持ち寄りました。

会場は地元の女学校。トイレに困った記憶があります。演奏会は有料でしたが、行く先々で歓迎されました。みんな音楽に飢えていたのでしょう。大勢の人が聴きに来てくれました。

音楽家を目指して

音楽では飯食えない

戦争が終わり、応召していた次男敏雄と、予科練（海軍飛行予科練習生）に志願した三男幸男が無事帰ってきました。家族8人の生活がまた始まりました。

父ときょうだい6人で編成する「佐藤管楽アンサンブル」を再開したのは、終戦から半年ほどたってからです。旧制秋田中学の合唱部とハーモニカ部の活動の傍ら、家でも合奏の練習に励みました。

1947（昭和22）年、アンサンブルの創立20周年記念演奏会を秋田市の県記念館で開催しました。同級生たちが準備を手伝ってくれたのが、とてもありがたかったです。ナレーションは小田島樹人《じゅじん》先生にお願いしました。

会場はほぼ満員。進駐軍からも結構、聴きに来てくれました。「星条旗よ永遠なれ」を演奏すると、とても喜んでいましたね。

好きな音楽を自由に楽しめる喜びを実感しつつも、戦後の荒廃した世の中に、なかなか希望を見いだせないでいました。将来の進路を考え、音楽の道に進むべきかどうかで悩みました。出した結論は、音楽では飯を食っていけない―でした。

新潟大に進み、弁護士を目指そうと考えました。法律を学び、日本の戦後復興に関わりたいと思ったからです。

父に相談すると、賛成してくれました。私を東京に出すつもりはなかったようで「東京に行ったら栄養失調になる。病気になって、死ににいくようなものだ」と言っていました。日本地図を広げながら「新潟ならコメは取れるし、海産物もあるからいい」と一人で納得していました。

学制改革により、新制の秋田南高校（秋田高校の前

旧制秋田中学の文化祭で合唱部を指揮する＝1946年

身）を経て、49年に新潟大に入学しました。私が19歳の時でした。この時は将来、音楽家になろうなんて気はみじんもありませんでした。

佐藤管楽アンサンブル演奏会

昭和22年11月3日
於　秋田県記念館
ナレーター／小田島樹人

【プログラム】

1．オペラ序曲集
(イ)　ズッペ作曲“軽騎兵”
(ロ)　オッフェンバッハ作曲“天国と地獄”
(ハ)　ロッシーニ作曲“ウィリアム・テル”

2．ベートーヴェン作曲／佐藤敏雄編曲
ピアノ協奏曲“皇帝”第1楽章
ピアノ独奏／堀川俊介

3．ジョン・フィップ・スーザ行進曲集
(イ)　美中の美
(ロ)　ワシントン・ポスト
(ハ)　星条旗よ永遠なれ。他

転機はふんどし事件

1949(昭和24)年、弁護士を目指して新潟大に入学しました。音楽は続けるつもりだったので、愛用のトロンボーンを持っていきました。

住まいは大学の寮。広さ十数畳の5人部屋でした。同室の4人も全員新入生で、和気あいあいと楽しくやっていました。

ところが1年の冬、人生の転機となる「事件」がありました。部屋の窓の外に干していた私の越中ふんどしが盗まれてしまったのです。

ふんどしは母が日頃親しくしている呉服店から特別に入手した真新しいさらし木綿を使い、手縫いしてくれたものでした。私が秋田を離れる際、6枚持たせてくれました。無精だった私は、いつもはいているもの以外の5枚をまとめて洗っていました。その時も5枚干していましたが、全て取られました。

母が私のために手作りしてくれたものだっただけに、がっかりしました。人のふんどしを盗むなんて、信じられませんでした。新潟での学生生活に、すっかり嫌気がさしてしまいました。

　戦後の混乱で、人の心がすさんでしまっていると感じました。こんな時代にこそ、人の心を和ませ、豊かな精神を養う音楽や芸術が大切だと考えるようになりました。そして、音楽家になりたいという思いが日に日に膨らんでいったのです。

　秋田に戻り、父に「音楽大学に入り直したい」と伝えました。「何をやるつもりだ」と聞かれたので「トロンボーン奏者になりたい」と答えました。すると父は「トロンボーンはオーケストラでも吹奏楽でもジャズでも使えるから、つぶしが利くだろう。しっかり頑張れ」とあっさり認めてくれました。私

トロンボーン奏者だった 20 代のころ

の覚悟が固いと思ったのでしょう。反対しても無駄だと諦めていた感じでしたね。

50年4月、東京の国立《くにたち》音楽大に入学しました。開学したばかりの新制大学で、われわれが1期生でした。期待に胸を膨らませて入学しました。

1年からインペクに

私が国立音楽大（東京）を選んだ理由は教授陣が優秀だったからです。日本交響楽団（日響、現NHK交響楽団）の名手が顔をそろえていました。

〈国立音大は1926（大正15）年創立の東京高等音楽学院をルーツとし、50年に新制の私立大学として発足した。大学名は、かつて国立市にキャンパスがあったことに由来する。現在は立川市にキャンパスを置く〉

初代学長は有馬大五郎先生です。後に私が留学するウィーン国立音楽院（現ウィーン国立音楽大）やウィーン大哲学科に学び、帰国後、音楽教育に尽力した人です。

有馬学長は日響の理事も務めていました。その関係で大学の前身の国立音楽学校時代から、日響のプレーヤー（奏者）を教授に招いていました。日響は陸軍軍楽隊出身者が中心で、一流どころがそろっていた。トロンボーンでオーケストラのトッププレーヤーを目指すなら、国立音大が一番と考えたのです。

器楽専攻の学生は、大学のオーケストラへの所属が義務付けられていました。私は1年から3年間、国立音大オーケストラのインスペクター（インペク）を務めました。

インペクとは、先生や団員との連絡調整や、楽団の運営管理を担当する団長のような存在です。国立音大オーケストラの指揮者で音楽監督だった尾高尚忠先生は日響の常任指揮者で忙しかったため、先生が欠勤の折はほとんど、私が指揮を執っていました。

インペクは、団員による選挙で選んでいました。国立音大の1期生は年齢が幅広く、私も現役で入った同期生より二つばかり年をくっていました。新潟大をやめて入った異色だったので、貫禄があるように見られたのか

東京・立川市にある国立音大のキャンパス

もしれません。

新潟大で1年間学んだことで、必修語学の英語とドイツ語には苦労しませんでした。試験が近づくと、私のところに5、6人の女子学生が「訳を教えて」とたむろしたものです。

妻はチェンバロ奏者

1950（昭和25）年に上京し、国立音楽大の男子寮に入りました。東京・国立市のキャンパスの近くに建てられた新築の寮で、3人部屋でした。

今の音楽大学では防音機能付きの寄宿舎が当たり前ですが、当時はそんな設備などありません。寮では楽器を鳴らせないので、朝5時ぐらいに学校に行き、トロンボーンの練習をしました。2時間ぐらい吹いた後、寮に戻って朝食を取り、また学校に出掛ける毎日でした。

サボっていたら一流のプレーヤーにはなれません。一人前のトロンボーン奏者になりたい一心で、マウスピースを常に持ち歩き、時間があれば口に当てていました。寝る時も枕元に置いていました。

音楽漬けの大学生活の中で、後に妻となる女性に出会いました。同期生の西川清子です。年は私の2歳下。私はトロンボーン科、家内はピアノ科でしたが、必修科目が同じクラスでした。トロンボーンのソロ演奏の試験の時、ピアノ伴奏を彼女に頼んだのがきっかけで親しくなりました。

家内は日本のチェンバロ奏者の草分けです。

〈チェンバロは弦をはじいて音を出す撥弦《はつげん》楽器で、打鍵楽器のピアノとは構造が異なる。600年以上の歴史を持つとされ、バロック音楽全盛の17～18世紀に宮廷音楽に用いられた〉

57～61年に夫婦でウィーンに音楽留学した際、家内はチェンバロを学び、帰国後の62年、日本初のチェンバロリサイタルを開きました。63年に始めた「佐藤菊夫シンフォニーコンサート」では、

妻の清子は日本のチェンバロ奏者の草分け

ビバルディやバッハ、ヘンデルといったバロック時代のチェンバロ協奏曲を初演しています。当時はテレビに引っ張りだこで、あっという間に名の知れた存在になりました。

家内は、互いの音楽活動を支え合ってきた同志でもあります。来年に結婚60周年を迎えます。けんからしいけんかはしたことがなく、仲良く年を重ねてきました。

映画音楽で高給稼ぐ

国立音楽大3年の時、寮を出て吉祥寺（東京都武蔵野市）に下宿しました。小林さんという地主の家で、6畳一間を借りました。下宿代は食事なしで月5千円ぐらいでした。学生時代はアルバイトで結構稼ぎました。報酬が高かったのが映画音楽の仕事です。スタジオで映像を見ながら演奏し、録音するのです。

当時は映画音楽専門の楽団（アンサンブル）がありました。多くは海軍や陸軍の軍楽隊出身者がつくった楽団です。オーケストラに入れず、映画音楽やダンスホールの仕事などをなりわいにしていたのです。私は軍楽隊上がりの連中にかわいがられ、頻繁に映画音楽のアルバイトに誘ってもらいました。

報酬は午前9時～午後5時で3千円でした。でも、スケジュール通りに進むことはあまりなかった。撮影が遅れると、音楽を付ける作曲家の作業もずれ込みます。フィルムと楽譜がなかなか届かず、日をまたぐこともしょっちゅうでした。夜間の手当が上積みされ、1回で2万円の収入がありました。

当時は邦画全盛の時代です。松竹、東宝、日活など、どこの劇場も立ち見が出るほどにぎわっていました。黒澤明監督の「羅生門」や、市川崑監督の「ビルマの竪琴《たてごと》」など有名な作品の録音にも参加しました。三島由紀夫原作の「潮騒」も印象に残っています。

大学4年の時に東京交響楽団の正団員になった後も、映画音楽のアルバイトを続けていました。新進のトロンボーン奏者として重宝されたのです。一般的に大卒の初任給が1万円ぐらいが相場でしたが、私は楽団の給料と合わせて月に10万円ぐらい稼いだこと

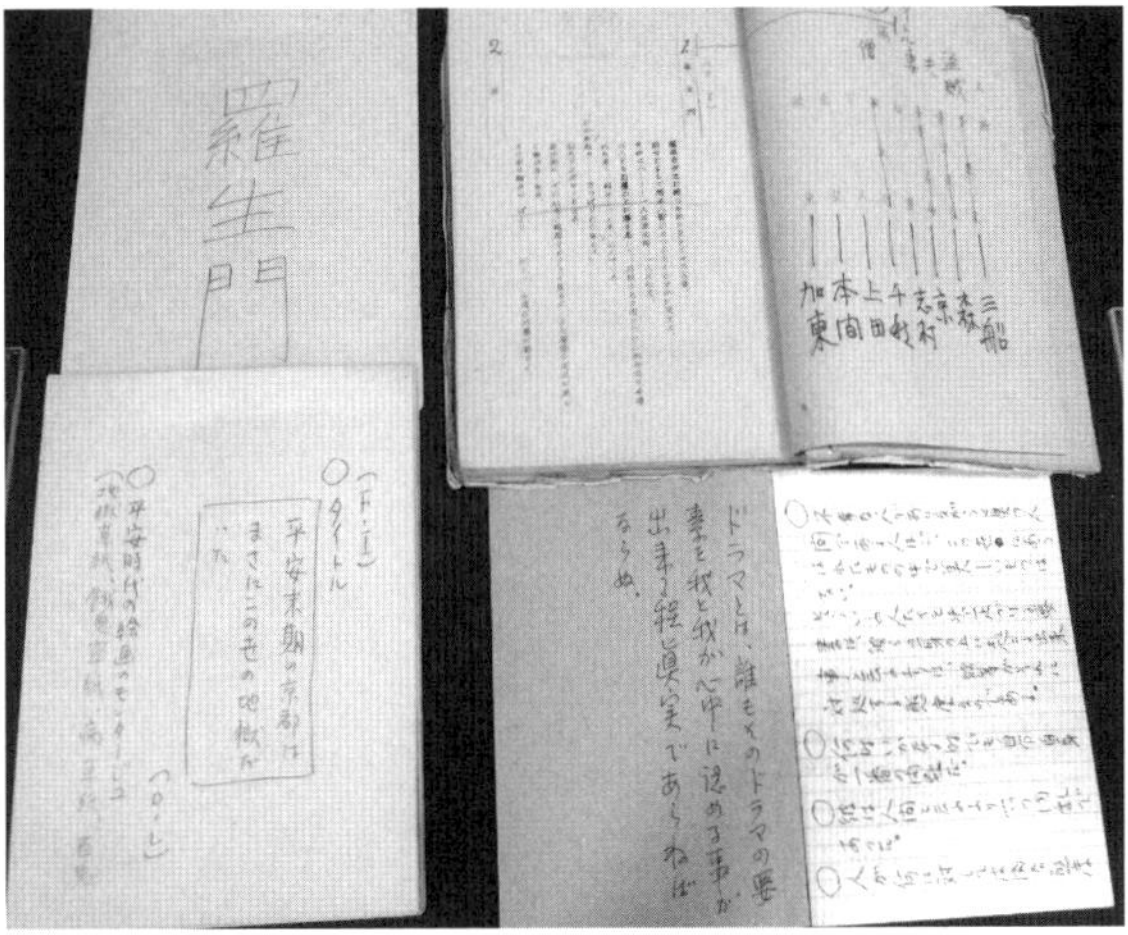

黒澤明監督が書いた「羅生門」の台本や創作ノートなど

も珍しくありません。よく飲みにも行きましたね。

4年になると、都内の幼児教育の専門学校に入学した妹澄子と一緒に住み始めました。親の負担を考え、自分の分の仕送りは断りました。それでも貯金ができるほど収入があり、生活にも余裕がありました。

赤字解消へ友情出演

国立音楽大在学時から、エキストラのトロンボーン奏者として、近衛秀麿率いる近衛交響楽団や東京フィルハーモニー交響楽団などさまざまなオーケストラの演奏会に出演しました。

〈近衛秀麿（1898〜1973年）は昭和期に活躍した指揮者・作曲家。山田耕筰に師事して作曲を学び、欧州で指揮法や作曲理論を修めた。戦前、戦中は訪欧、訪米を重ね、戦後は日本のオーケストラ育成に尽力した。近衛文麿元首相の異母弟で元貴族院議員〉

大学3年の春休みに近衛交響楽団の九州演奏旅行に参加しました。近衛さんの青山（東京都港区）の私邸で練習が行われたのですが、音楽室はオーケストラとコーラス合わせて300人以上が入れるほどの広さで驚きました。近衛さんはギャラも破格でした。演奏会全体の出演料の半分が近衛さんの取り分と言われていましたね。

親友の窮地を救うためにステージに立ったこともありました。大学3年の12月、旧制秋田中学の同級生で岩手大の学生だった伊藤由雄君から「俺を助けると思って、盛岡に来て演奏してくれ」と頼まれました。

伊藤君は大学で音楽同好会を結成し、一流の音楽家を招いて演奏会を開いていましたが、ある時、赤字を出してしまいました。その穴を埋めるため、秋田中時代の仲間で音大在学生に声を掛け、演奏会を開くことにしたのです。

メンバーは同い年の野口力《つとむ》君、1歳下の前田直君と私の3人。野口君は私と同じ国立音大の打楽器奏者、前田君は東京芸大に学ぶバイオリン奏者でした。野口君はこの時、ピアノを弾きました。

3人ともノーギャラでした。ちょうど帰省時期だったので、東京―盛岡―秋田の列車の切符と盛岡での宿を用意して

旧制秋田中学の同級生・伊藤由雄君（左）と

もらい、引き受けることにしました。聴衆はかなり集まり、赤字は解消されました。伊藤君もホッと胸をなで下ろしていました。その時のプログラムには、ベートーヴェンの「大公トリオ」が選曲され、チェロのパートをトロンボーンで演奏したのはまさに世界初演だったと思われます。その他、トロンボーン独奏として、ジョスランの子守歌、リヒャルト・ヴァグナーのローエングリンの抜粋曲を取り上げ、拍手喝采を受けたことを、未だに思い出されてなりません。

寝室よりピアノ優先

１９５３（昭和28）年、東京交響楽団（東響）に正式に入団しました。国立音楽大４年の時です。国内のオーケストラは若手が不足していましたので、私にも方々から声が掛かりました。

東響を選んだのは待遇の良さからです。基本給は３万円。大卒初任給が１万円という時代に、です。さらに練習手当（基本給の３％）と本番手当（同４％）が付きました。民間放送のＴＢＳと専属契約を結んでいたので、経営はすごく良かったです。

オーケストラは原則、一つの公演につきゲネプロ（公演前の通し稽古）のほかに練習が２回あります。定期演奏会の場合は４、５回です。当時、公演は月15～20回で、私の月給は６万円ほどでした。他に映画音楽のアルバイトでも稼いでいました。

日比谷公会堂（東京都千代田区）での定期演奏会が終わると、若手の仲間で私の行きつけの新宿の居酒屋「太平山」でよく打ち上げをしました。みんな懐に余裕があったので、秋田の酒をしこたま飲みましたよ。

国立音大卒業後、2年ほどして大学の同期生だった西川清子との結婚が決まりました。結婚したら彼女にグランドピアノをプレゼントすると約束していました。当時は普通のグランドで70、80万円はしましたが、そのぐらいの貯金はありました。

同じころ、東響の打楽器奏者の近衛秀武君も同僚のピアニストとの結婚を控え、新居を探していました。近衛君は指揮者の近衛秀麿の子息で、同年代の私の親友でした。お互いグランドピアノを置ける新居を求めていたので、彼に私たちの部屋も一緒に探してと頼んだのです。

でも、あまり広い部屋だと家賃が高いので困りま

国立音大の校舎の前で学友（右）と

す。私が「部屋は狭くてもいい。ピアノの下に寝ればいいから」と言うと、彼は「それはいい考えだ」と大笑いしました。

でも、新居は不要になりました。私と西川は結婚を機にウィーンに留学することになったのです。

■ ウィーン留学の日々

脚光浴びた夫婦留学

ウィーンへ旅立ったのは1957（昭和32）年5月。私が27歳、家内が25歳の時です。音楽留学は家内の母親の勧めです。義母は東京音楽学校（現東京芸大）出身で、札幌の女学校の元教員でした。

私は留学するなら音楽の都、ウィーンと考えていました。ピアニストの家内が希望していたチェンバロの勉強の場としても、ウィーンは適していました。

しかし、簡単に海外留学できる時代ではありませんでした。文部省（現文部科学省）と外務省の留学試験をパスする必要がありました。音楽を含む全ての学問分野を合わせると、倍率は50倍ほどだったと思います。

試験は1次が筆記、2次が留学先の言語での口頭試問。音楽の受験者は、2次試験を楽器演奏に変更できました。でも、私たちは大学時代のドイツ語の先生の指導を受け、口頭試問に臨みました。結果は2人そろって合格でした。

当時はまだ国費留学制度がありませんでしたから、私費留学です。留学資金の上限は1人2800米ドル。固定相場（1ドル＝360円）の時代ですから、日本円で約100万円まで認められていました。それで家内にプレゼントする予定だったグランドピアノの購入資金を充てました。学生時代からの貯金が役に立ちました。

海外留学のハードルが高かった時代に夫婦そろって留学するケースはかなり珍しく、多くの新聞に取り上げられました。秋田魁新報でも大きく紹介されましたよ。

結婚式を挙げたのは57年5月26日です。その2日後に羽田空港からウィーンに向けて出発しま

夫婦でのウィーン留学を伝える秋田魁新報の記事

した。飛行機は就航して間もないスカンジナビア航空の北回り路線（アラスカ・アンカレジ経由）で、50人乗り程度の小さなプロペラ機でした。片路航空券は1人約25万円。50円のお釣りをもらったのを覚えています。

羽田には結婚式に出席した家族や親戚、友人達が総出で見送りに来てくれました。新婚夫婦の華やかな門出になりました。

大使への手紙を持参

1957（昭和32）年5月末、留学先のウィーンに到着しました。真っ先に向かったのは日本大使館です。古内広雄大使にあいさつするためでした。

古内さんは宮城県出身の外交官で、後に衆院議員も務めた人です。検察官だった家内の父に宮城県出身の友人がおり、偶然にも古内さんの親戚でした。その方に大使への手紙を書いてもらい、持参しました。

私たちは下宿もホテルも何も決めていませんでした。ずうずうしくも、日本からの荷物は大使館宛てに送っていたのです。古内さんは気さくな人で、右も左も分からない若い2人を温かく迎えてくれました。

ウィーンはちょうど音楽祭のシーズンで、世界中から旅行者が集まっていました。世話をしてくれた大使館の人に、何とか小さくて安い宿を見つけてもらいました。そこに10日ほど滞在して下宿を決めましたが、半年後にもっと条件の良い所に移りました。

ウィーンの中心部に立つ築約100年の8階建てアパートです。2人が通うウィーン国立音楽院（現ウィーン国立音楽大）までは、歩いて12分ほど。ウィーン・フィルハーモニー管弦楽団が定期演奏会を開く楽友協会ホールや、国立歌劇場も歩いてすぐの距離でした。

家賃は800シリング（約1万円）。広い部屋が二つあり、ベッドや食器棚、食器などは備え付けで、ピアノもありました。大家のセーゲルさんは70歳ぐらいの女性で、私たちと同じ4階に住んでいました。

初めは言葉に苦労しましたね。オーストリアはドイツ語圏ですが、「ウィーンナリッシュ」と呼ばれる独特の方言があります。あいさつもドイツ語で一般的な

ウィーンの下宿の近くにあった楽友協会ホール（孫のアンドレアス・パッハーさん撮影）

「グーテンターク」ではなく、「グリュスゴット」を使います。こちらのドイツ語は通じるのに、相手の話す言葉の意味が分からない。慣れるのに1年ぐらいかかりました。

巨匠メータは良き友

ウィーンでの生活が始まると、すぐにカルチャーショックを受けました。オペラや演奏会に出掛ける人たちが、みんなタキシードやドレスで正装しているのです。ヨーロッパでは当然のマナーですが、当時の日本では、げたを履いて来る人もおり、文化の違いを痛感しました。

私の留学の目的は指揮法と作曲理論を学ぶことでした。一人のプレーヤー（奏者）ではなく、オーケストラを一つにまとめ上げるコンダクター（指揮者）になりたかったのです。

ウィーン国立音楽大では指揮科に学びました。「帝王」と呼ばれたカラヤンも卒業生の一人です。

指揮科のハンス・スワロフスキー教授は厳しい指導で有名でした。指揮そのものに魅力は感じませんでしたが、指揮法の教授としては抜群でしたね。

指揮科の学生も大学のオーケストラに奏者として所属するのですが、私が一度、練習をサボった時、ステージマネジャーに自宅まで呼びに来させたことがありました。あれには参りました。

私は先生にかわいがられていたと思います。みんなの前で一人でトロンボーンを吹かされた時、先生が手をたたいて褒めてくれました。「極東から来た佐藤がこれほどの演奏をするのに、おまえたちは何をやっているんだ」と他のメンバーを一喝したのを覚えています。

指揮科の学生は12、13人おり、世界各地から集まっていました。その中に、現代の巨匠と呼ばれるズービン・メータがいました。インド出身で、父親も指揮者

ウィーン国立音楽大のオーケストラの仲間（右）と

でした。

メータは大学のオーケストラでコントラバスを弾いていました。練習の合間には、よく悪ふざけをしたものです。互いの楽譜を見せ合い「おまえにこれが演奏できるか」とからかうのです。楽器にはそれぞれ特徴があり、違う楽器のパートを演奏するのは難しいんです。メータは気の合う良き友人でした。

田中路子と催し企画

ウィーン生活が半年ほど過ぎたころ、日本大使館で現地補助員になりました。古内広雄大使から「ぜひ手伝ってほしい」と頼まれたのです。

1957（昭和32）年、ウィーンに本部を置く国際原子力機関（IAEA）が設立されました。また64年東京五輪を控え、文化会館建設や音楽事業に向けて日本から多くの関係者がウィーンを視察に訪れていました。このため、日本大使館の業務が大幅に増えたのです。大学の授業の合間に、私と家内が交代で勤務しました。

思い出深いのは「日本の夕べ」という催しに携わったことです。ウィーンで毎月、各国の大使館が自国の文化を紹介するイベントが開かれていました。日本の番が回ってきた際、西ベルリン在住の日本人女優田中路子さんに演出を依頼することになりました。

〈田中路子（1909～88年）は東京出身の女優、声楽家。ウィーンに音楽留学後、オーストリアの実業家と結婚し、離婚。ドイツの俳優と再婚し、生涯の大半を欧州で過

ごした。ウィーン国立歌劇場で上演された「蝶々夫人」にスズキ役で出演。日本と欧州の文化交流にも尽力した〉

田中さんはウィーン少年合唱団やウィーン・フィルハーモニー管弦楽団、ウィーン国立歌劇場の日本公演をプロモートした人でもありました。カラヤンに小澤征爾を紹介したのも彼女です。

田中さんがウィーンに打ち合わせに来た時でした。大使館にいた家内から自宅に電話がありました。「大使が、いい案が出ないので佐藤さんにぜひ相談に乗ってほしい、と言っている」というのです。

私はウィーン国立音楽大の日本人留学生を集

由緒あるウィーン国立歌劇場（孫のアンドレアス・パッハーさん撮影）

め、日本の音楽を披露することを提案しました。女性はみんな素晴らしい着物を持っていましたから、着物姿の女性が舞台にそろえば、観客は圧倒されるだろうと考えたのです。

着物女性に客席沸く

ウィーンで日本の童謡や唱歌を紹介する「日本の夕べ」が開催されたのは1957(昭和32)年の12月でした。

着物姿の女性が10人ばかり登場すると、客席が「おーっ」と沸きました。ウィーン国立音楽大の日本人留学生です。家内もその一人でした。

プログラムはほぼ私が考えました。「ふるさと」「村祭」などを女声合唱で披露し、「かごめかごめ」や「とおりゃんせ」を遊びと共に紹介しました。中でも、田中路子さんによる「箱根八里」のソロは絶賛されました。

三味線や琴、鼓、和太鼓類は現地の博物館から借りました。ウィーン・フィルハーモニー管弦楽団のメンバーにも出演してもらいました。

田中さんの夫でドイツの俳優デ・コーバさんがマイクで解説を付けてくれました。私も法被姿で太鼓をたたき、バックで盛り上げました。催しは大成功でした。

翌年、ベルリン芸術祭の「日本音楽の夕べ」に夫婦そろって出演することになりました。田中さんが「佐藤さんにはウィーンでお世話になったから」と、私と家内をメンバーに推薦してくれたのです。

日本の現代音楽にスポットを当てたプログラムで、黛敏郎さんや武満徹さんら気鋭の作曲家の作品が紹介されました。松平頼則さんの組曲「桂」で私が鼓、家内がチェンバロを演奏し、フルートや弦楽器をベルリン・フィルのメンバーが担当しました。ソプラノは平田黎子さん、指揮は大町陽一郎さん。素晴らしいステージでしたよ。

この時の様子はラジオで西ドイツ全土に放送

ベルリン芸術祭でのパーティーで田中路子さん（中央）と。右は妻清子

されました。思いがけず高額のギャラを頂いたので、家内と3週間ほどかけて西欧を旅行しました。ブリュッセルの万国博覧会にも足を運んだし、ベルリンのブランデンブルグ門や田中さんの大邸宅にも招かれました。生涯忘れられない思い出になりました。

秋田弁丸出しで会話

ウィーンの日本大使館で便宜供与をしていた私たち夫婦は、外務省の現地補助員として働くことになりました。

日本からの要人の接待も仕事の一つでした。1959（昭和34）年、思わぬ来客がありました。秋田県選出の石田博英衆院議員と、後に秋田商工会議所会頭を務めることになる辻兵吉さんです。石田さんの外遊に、支援者の辻さんが秘書として同行したのです。

石田さんとは面識はありませんでしたが、辻さんは旧制秋田中学の三年上の先輩でした。向こうは知らなくても、こちらはよく知っています。上級生は怖い存在でしたから。

辻さんの弟の良二君は私の3歳下で、秋田中学音楽部の後輩でもありました。

お二人は米国から英国を経由してオーストリアに入国しました。空港で出迎えた私が秋田出身であることを告げると、辻さんは喜んで「秋田弁で話をさせてもらいますよ」と言いました。その後の会話は、お互い方言丸出しでした。

ウィーンでは、後に首相になる三木武夫衆院議員や元佐賀県知事の鍋島直紹《なおつぐ》参院議員と合流しました。初日の夜は大使の招きで国立歌劇場でモーツァルトのオペラ「魔笛《まてき》」を鑑賞しましたが、皆さんお疲れのようで寝息を立てていました。

終演後、三木さんが「このまま帰るのはもったいない。ワインでも飲みに行かないか」と言うので、ハンガリー料理の店に案内しました。みんなすっかり元気を取り戻し、ハンガリーの音楽や踊りを楽しみながら、したたかに飲みました。ホテルへの帰り道、三木さんはご機嫌の様子で私と肩を組んで歩きました。

ウィーン空港に到着した石田博英さん（中央）と辻兵吉さん（右）を出迎える佐藤（左）＝1959 年

石田さんとも辻さんとも、そして三木さんとも言葉を交わしたのはこの時が最初です。この出会いが私の音楽人生に大きな意味を持つことになるのを知るのは後の話です。

大統領の祝賀で指揮

国会で安全保障関連法案が盛んに議論されましたが、私がウィーンに留学していた時期（1957〜61年）は60年安保闘争の激しかった時です。

59年7月、岸信介首相がオーストリアを訪れました。西欧と中南米歴訪の一環でした。日本大使館の現地補助員だった私は宿泊先のホテルの隣室に泊まり込み、首相のお世話をしました。大使から「落ち度のないように」と言われていましたので、緊張しましたね。日米安保条約改定をめぐり、岸内閣が総辞職に追い込まれたのは約1年後のことでした。

音楽活動でも、貴重な経験をたくさんしました。中でも、オーストリアのアードルフ・シェルフ大統領（1890〜1965年）の生誕70年祝賀演奏が記憶に残っています。曲目はイタリア人モンテヴェルディのマドリガルでした。オーケストラ80人とコーラス120人のうち、アンサンブル約20人とコーラス約30人で編成する四つのグループの一つを私が指揮しました。出演者のうち、アジア人は私だけでした。大統領から直接声を掛けていただき、とても光栄に思いました。

日曜日には教会のミサの演奏に出掛けました。ハプスブルグ家の一族の教会では、同家の子孫の方と親交を深めました。神父がアジア人留学生の面倒を見ていた人で私をかわいがってくれ、一族のホーエンローエさんという皇女を紹介してくれたのです。私と家内二人は、ミサの帰りによく食事や茶会に招いていただきました。

神父はわが家のみそ汁が大好きでした。よく家に来て「ソーヤズッペを飲ませてよ」とリクエストしました。ドイツ語でソーヤは大豆、ズッペは

ウィーン在住の日本人の出迎えを受ける岸首相。右端は妻清子＝1959年、ウィーン空港

スープ。「おいしい、おいしい」と言いながら、うれしそうに味わっていました。

当時、ウィーンではみそが手に入らず、私は父にお願いし、秋田の実家から母の手製を送ってもらっていました。ビニール袋に入れたみそを缶に詰め、密封したものです。日本の味が恋しかったので、涙が出るほどうれしかったですね。

「100歳まで頑張ろう」

ウィーン留学中、ウィーン管弦楽団の他に、特に力を入れたのがアンティーク音楽の勉強です。所属したのは、ウィーン国立音楽大のヨゼフ・メルティン教授が主宰するウィーン古典合奏団。バロック以前の中世の音楽を研究していたグループです。私はバロック・トロンボーンの奏者でした。

1959（昭和34）年、オーストリア文化協会の派遣で、合奏団の一員としてロンドン演奏旅行に参加しました。メンバーは25人ぐらいで、私は唯一のアジア人。ケンブリッジ大学での演奏会で、メルティン教授は「たった一人の外国人、日本のサトーだ」と紹介してくれました。

終演後、ケンブリッジ大で学ぶ日本人留学生4、5人が楽屋を訪ねてきました。「まさかここで日本人の演奏を聴けるとは思いませんでした」と、感激した様子で面会にきました。

ウィーンのアンティーク音楽アンサンブル「クレマンシック・コンソート」の創設者、ルネ・クレマンシックは、古典合奏団の仲間の一人です。私の1歳上で、今も固い友情で結ばれています。8年ほど前に彼が演奏会で来日した際に再会し、「お互い100歳まで元気で頑張ろう」と励まし合いました。

古典合奏団の演奏旅行では、オーストリア国内をほとんど回りました。演奏会の本番前の夕食時には、決まって主催者からワインの差し入れがありました。「いくらでも飲んでください」と言うのです。

本番前に酒を飲むなんて、日本では考えられま

ウィーン古典合奏団ではバロック・トロンボーン奏者だった（前列左から２人目）

せん。でも、向こうでは普通に一杯やってからステージに上がるんです。引率の教授も喜んで飲む。最初は面食らいました。

ウィーンの森近くにはワイン酒場が３００店以上、軒を連ねています。私も大学の仲間たちとよく飲みに出掛けました。興に乗って秋田民謡を歌いだすと、みんな手をたたいて喜んでくれたものです。秋田に生まれたことが大変役に立ちました。

日本人会設立に尽力

２０１１年2月、私と妻清子はオーストリア政府から「科学・芸術栄誉十字章勲一等」を叙勲。ウィーン・フィル、国立歌劇やウィーン少年合唱団の日本招聘《しょうへい》など、両国の音楽交流への功績に対してです。

オーストリア日本人会の設立に関わったことも評価されましたが、そのきっかけは一人の日本人留学生の死でした。バイオリンを学んでいた福岡県出身の岩田聖子《きよこ》さんです。東京芸大を卒業し、私たち夫婦と同じ１９５７（昭和32）年にウィーン国立音楽大に留学しました。同年代だったわれわれはすぐに仲良くなり、オーストリアのチロルに一緒に旅行にも出掛けました。

年が明け、岩田さんが体調不良を訴えるようになりました。58年3月、下宿で倒れた岩田さんは救急車で病院に運ばれ入院しましたが、わずか2日後に永眠しました。死因は当初診断された急性の粟粒《ぞくりゅう》結核ではなく、末期がんだったのです。28歳の早すぎる死でした。

岩田さんのご両親がウィーンに到着すると、私たち夫婦も大使公邸に呼ばれ、葬儀について話し合いました。ご両親の希望でウィーンの墓地に分骨し、音楽葬で送ることになりました。

葬儀と納骨式には、ウィーンに住む日本人のほとんどが参列しました。音楽大の恩師が弔辞を述べ、ウィーン国立歌劇場の男声合唱団がレクイエムを、われわれ留学生は「死者への聖歌」をささげ、友の死を悼みました。

程なくして、国際原子力機関（ＩＡＥＡ）に勤務する物理学者の藤岡由夫さんが私の元にやって来ました。後に埼玉大と山梨大で学長

妻清子（左）と勲章を手にして。中央はオーストリアのバストル駐日大使＝2011年、東京・港区のオーストリア大使公邸

を務めた方です。岩田さんのことを私に尋ねた後、「ウィーン在住の日本人同士が今後も連帯し、助け合っていくべきだ」と言いました。

この話を聞いた古内広雄大使の提案で58年秋、日本人会が発足しました。初代会長は藤岡さん。私は幹事を務めることになりました。

別れ惜しみ大粒の涙

留学生活3年目に待望の第1子を授かりました。女の子で眞理と名付けました。1959（昭和34）年1月のことです。

ただ、下宿の大家のセーゲルさんからは「ここでは子育てはできないので、よそに移るか、赤ちゃんを預けるか、どちらかにしてほしい」と言われていました。オーストリアには個人で託児業をしている人がいましたので、家内と相談して娘を預けることにしました。普段は離れて暮らし、週に3日、会いに行きました。

半年ほどして預け先を変えました。オーストリアがナチスドイツに併合されていた時代から託児業を営むクロイツァーさんという女性の所です。ウィーンの郊外でしたので、乗用車を購入して通いました。

留学には期限がありませんでしたが、資金がなくなり次第、帰国する決まりでした。私たち夫婦は当初、3年程度の滞在を予定していました。

4年目にウィーン国立音楽大の卒業時期を迎えました。留学生活を十分に送ることができたと感じていたので、帰国を決めました。ウィーンでの経験を生かし、日本の役に立つことがわれわれ留学生の責務だと考えていました。

60年11月、イタリアのトリエステから貨客船で帰国の途に就きました。列車でウィーンを出発する日、駅に親しい人たちが駆け付け、シャンパンで乾杯して見送ってくれました。眞理をわが子のように育ててくれたクロイツァーさんは大粒の涙を流して別れを惜しんでいました。ウィーンは居心地が良かったので、私たちも別れがつらかったですね。

貨客船の出発前に長女眞理を記念撮影＝1960年、イタリア・トリエステ

帰路は40日ほどの船旅でした。沖縄近海で大しけに見舞われ、エンジンを停止した状態で2日間漂流しました。生きた心地がしませんでした。

横浜港に到着したのは61年1月です。眞理の2歳の誕生日を間近にしたころでした。

波乱乗り越え道開く

指揮棒一本で生きる

1961(昭和36)年1月、ウィーンから帰国しました。日本の土を踏むのは約4年ぶりでした。

貨客船で横浜港に着くと、家内の両親が暮らす東京都世田谷区深沢の貸家に向かいました。義父が近くに約100坪の土地を購入済みで、そこに新しい家を建てて同居する計画でした。

船にはウィーンで購入した家内のチェンバロを積んできました。当時、日本円で100万円もした名器です。荷物扱いなので運賃の他に料金はかかりませんでしたが、国内運搬費の横浜・東京間がばかになりませんでした。

約半年後、新居が完成しました。最寄りの駅は現在の東急田園都市線・桜新町。「サザエさんの街」です。今は落ち着いた住宅街ですが、当時は一帯が野原で街灯もありませんでした。

家の玄関前には「サトー音楽研究所」の看板を掲げました。1階に50畳ほどの音楽スタジオを設け、チェンバロやピアノを置きました。ただチェンバロは湿気の多い日本の気候になじむのに1年かかりました。傷んだ部品を交換するには、わざわざドイツに注文しなければなりませんでした。

帰国後、東京交響楽団(東響)に復帰しました。もちろん指揮者としてです。これからは指揮棒一本でやっていくと心に決めていました。残念がったのは橋本堅三郎《けんざぶろう》団長です。私がトロンボーン奏者として大成して戻ってくることを期待していたからです。

団員を前に復帰のあいさつをした時、なぜか秋田弁が口をついて出てきました。ウィーン生活でドイ

ウィーンからの帰国後、東京交響楽団を指揮する

ツ語を日本語に置き換える際、秋田弁で考える癖がついていたのです。団員から「秋田に留学していたんじゃないか」とからかわれました。

東響の指揮者には、前身の東宝交響楽団から常任指揮者を務める上田仁さんや、小澤征爾の恩師斎藤秀雄さんらがいました。一番若手の私は難曲にも果敢にトライしました。

「人間をかえせ」初演

昭和30年代は、読売日本交響楽団や東京都交響楽団が発足するなど、オーケストラが花盛りでした。テレビではクラシックの音楽番組が人気でした。

私が在籍していた東京交響楽団（東響）は、日本のオーケストラをリードする存在でした。東響ですぐに任されたのは労音の仕事です。

〈労音（勤労者音楽協議会）は１９４９年、大阪で発足した勤労者のための音楽鑑賞団体。会員による企画・運営が特徴で、「良い音楽を安く」をスローガンに各地に広がった。60年代には都内だけでも百万人の会員増強を目指していた〉

私は東京、横浜、東海の各労音の演奏会を担当しました。会員が多いため、１万人以上入る日大講堂（旧両国国技館）で何日も連続で公演することもざらでした。

労音では、広島の原爆をテーマにした大木正夫さんのグランドカンタータ「人間をかえせ」を初演しました。爆弾の音や叫び声の音を入れた迫力に満ちあふれた作品です。

5年にわたり、50回ほど指揮しました。

硫黄島で玉砕した兵士にささげる清瀬保二さんのレクイエム「無名戦士」も初演し、20回、30回とステージを重ねました。大木さんも清瀬さんも、作曲界の重鎮でした。そういった人たちと一緒に仕事ができたことは貴重な経験でした。

民放のTBSは当時、東響と専属契約を結んでおり、テレビやラジオの音楽番組に東響を起用していました。毎週土曜日の夜放送の「東響アワー」というテレビ番組がありました。東響の毎月の定期演奏会や公開録音を紹介する1時間番組です。TBS系列の地方局でも放映されていました。

楽団にとって、テレビやラジオへの出演は大きな収入源でした。TBSと専属契約を結んでいた時代は、東響の黄金期でもあったのです。でも、それは長くは続きませんでした。

グランドカンタータ「人間をかえせ」を作曲した大木正夫さん（左）と

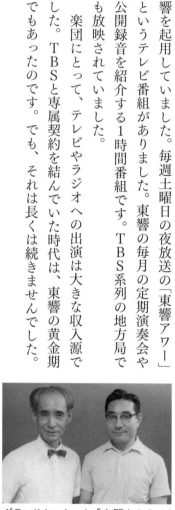

寝耳に水の東響破綻

ウィーンから帰国した1961（昭和36）年の春から、家内と共に母校・国立音楽大学の教壇に立つことになりました。

私はオーケストラ、オペラ、ブラス、コーラスなど教えられるものは何でも教えました。月曜から金曜までびっしりで、土曜はその週の授業の整理に追われました。東京交響楽団（東響）の仕事も忙しく、休む暇などありませんでした。

63年11月、指揮者として初めて古里のステージに立つ機会に恵まれました。秋田魁新報社と秋田放送の共催による佐藤菊夫帰郷コンサートで、秋田市の県民会館で開かれました。

演奏したのはベートーヴェンの「皇帝」とチャイコフスキーの「悲愴《ひそう》」。会場は聴衆で埋まり、大喝采を浴びました。古里の温かさをあらためて知り、胸がいっぱいになりました。

でも、人生いいことばかりではありません。64年に東響がTBSから専属契約を打ち切られ、経営破綻したのです。

橋本鑒三郎団長が団員に事情を説明したのは3月中旬。財団法人の解散が避けられないため、練習場や楽器類などの財産は全て団員に譲渡すると伝えました。寝耳に水の出来事で、団長に詰め寄る団員もいました。

楽団には事務職員を含めると100人以上が在籍していました。半年、1年先の演奏会も決まっていました。

「何とか楽団を存続させる方策がないか」と、元検察官で当時日本公証人会理事長だった義父に相

大喝采を浴びた帰郷コンサート＝1963年、県民会館

談したところ、財団法人を解散し、新たな受け皿となる有限会社を設立するよう助言されました。債務を負わずに済むからです。1週間で手続きを終え、新たに東響を発足させました。

混乱のさなかに失踪した橋本団長は、程なく荒川放水路で水死体で発見されました。責任を痛感し、身投げしたのです。

新聞やテレビに大きく取り上げられました。私にとっても音楽人生の分かれ目となる重大事でした。

東響離れ独力で活動

東京交響楽団（東響）が団員管理の組織として再出発したのは1964（昭和39）年3月。東京五輪を半年後に控え、日本は活気にあふれていました。

世間では、東響はつぶれたと思われていました。存続をアピールするため、1カ月後に日比谷公会堂で演奏会を開きました。指揮者は私が務めました。それなりに効果はあったと思います。

ただ、私自身は新たな東響には籍を置きませんでした。橋本鑒三郎団長に世話になった人間でしたから、橋本さん亡き後は楽団に残るつもりはありませんでした。

63年に自主公演「佐藤菊夫シンフォニーコンサート」をスタートさせました。楽団から任された仕事や依頼された仕事は、必ずしも自分のやりたいステージではありませんでした。音楽家としての理想を追求する場がほしかったのです。

東響の問題が新聞紙上をにぎわしていたころ、ウィーンで知遇を得た石田博英衆院議員と再会しました。旧制秋田中学の同級生、加藤日出男君が主宰する青年運動組織「若い根っこの会」のパーティーでのことです。

来賓の控室に入ると、石田さんがいました。私を見つけると「久しぶり」と言い、周りの人たちに私を紹介してくれました。東響のことを石田さんに話すと、「俺で頼りになるのなら、何でも言ってくれ」とおっしゃってくれました。

後日、石田さんを訪ねました。自主公演を柱に独力で音楽活動を続ける考えを伝え、新たにつくる私の個人後援会の会長就任を要請したのです。石田さんは快く引き受けてくれました。

石田さんには89年の第50回佐藤菊夫コンサート

佐藤菊夫後援会の２代目会長・辻兵吉さん（右）と

まで後援会長を務めていただきました。後任の会長は、石田さんと共にウィーンを訪れた秋田中学の先輩で秋田商工会議所会頭の辻兵吉さんにお願いしました。ウィーンで出会った2人の古里の先輩は、私の音楽人生を支えてくれた恩人でした。

思い出に残る仕事

三木さんの伝手《つて》頼る

1964（昭和39）年4月、東京に新しい民放テレビ局が開局したことを新聞記事で知りました。「東京12チャンネル」（現テレビ東京）です。

記事の中に、後に首相になる三木武夫衆院議員の名前を見つけました。開局に三木さんが関わっているとの内容でした。

59年に三木さんが外遊でウィーンを訪れた際、日本大使館の現地補助員だった私は三木さんら一行を案内していました。記事を読み、音楽番組に東京交響楽団（東響）を起用してもらうことを思い付きました。

東響は経営破綻に伴い再スタートを切ったばかりで、活躍の場を探していました。そのころは東響に籍がありませんでしたが、世話になった楽団の再建に貢献したいと考えたのです。

新しい団長と三木さんを訪ねると、担当の秘書を紹介してくれました。その方に要望を伝えると、ちょうどクラシック音楽番組の制作を計画しているとのことで、東響の起用を約束してくれました。

番組は「題名のない音楽会」。後にNETテレビ（現テレビ朝日）に移され、現在も続く長寿番組です。テレビのレギュラー番組を持つことで新生・東響の経営は安定しました。私自身にメリットがあったわけではありませんが、古巣が存続しただけで良かったと思いました。

70年に東京管弦楽団を創設しました。音楽鑑賞教育の推進を目的としたオーケストラです。63年に始めた佐藤菊夫シンフォニーコンサートのために結成した東京合奏団が中心メンバーでした。

当時、都内の公立小中学校の音楽鑑

第１回佐藤菊夫シンフォニーコンサートのプログラム

賞教室は東京都交響楽団（都響）が担当していましたが、都響だけだと演目が以前とダブることがあります。一部の区の教育委員会から、都響以外の受け皿をつくってほしいと私に要望が寄せられたのです。

子どもたちに音楽の素晴らしさを伝える仕事は、とてもやりがいがあります。その後の私の音楽活動の柱になりました。

「大いなる秋田」編曲

ウィーン留学から帰国し、指揮者として音楽人生を歩み始めてから50年以上がたちました。その中で最も思い出深いステージは「大いなる秋田」です。オーケストラ版の編曲も手掛けましたからね。

〈「大いなる秋田」は吹奏楽と合唱のために書かれた4楽章から成る交声曲。第3楽章に「秋田県民歌」が挿入されている。1968（昭和43）年、明治100年記念事業として県が作曲家の石井歓さん（1921～2009年）に作曲を依頼した。68年11月、県立体育館で開かれた明治100年記念「青少年の祭典」で初めて披露された〉

69年に秋田県から、私の指揮でオーケストラの演奏会を開きたいと連絡がありました。県庁を訪ねると、小畑勇二郎知事から県民の力になるような曲を演目に加えてもらえないかと要望されました。

私はとっさに「今までにない演奏会にしたらいいんじゃないんですか。『大いなる秋田』のオーケストラ版はどうですか」と提案しました。

「大いなる秋田」は、ブラス（吹奏楽）と合唱の編成でした。当時、県内にオーケストラはありませんでした。ただ、中学や高校には国内でもトップクラスの吹奏楽部があり、優秀な合唱部もありました。これを組み合わせれば、行事などの際にいつでも演奏できるからと、ブラスとコーラスの編成にしたのです。

オーケストラ版の編曲は、作曲者の石井さんにお願いするのが筋だと考えていました。しかし、本人を訪ねると、NHKのオペラの仕事が入っているとのことで、「あなたに一任するから。佐藤さん、やっ

「大いなる秋田」の作曲者・石井歓さん（右）

てくれよ」と言うのです。県の了承も得て、すぐに編曲に取り掛かりました。

小畑さんは「大いなる秋田」を大交響曲にし、世界に誇れる古里の曲にしたいと願っていました。その情熱に心を動かされ、精魂を傾けて編曲に当たりました。

私はフル・オーケストラ、ファンファーレ（トランペットとトロンボーン各6本による）、パイプオルガン及び混声合唱と児童合唱、それにソプラノ独唱を加える編成にしました。そしてタイトルは「交響讃頌《さんしょう》〝大いなる秋田〟」と命名しました。

古里たたえる大合唱

「大いなる秋田」のオーケストラ版の編曲に当たり、秋田県民歌が挿入されている第3楽章をどうするかが最大の課題でした。北秋田市出身の成田為三先生（1893〜1945年）が作曲した県民歌を編曲するのは恐れ多いとも感じました。

作曲者の石井歓さんは県民歌をコーラスにせず、器楽演奏だけにしました。本人に理由を尋ねたところ、「県民歌を入れたのは、県からの注文。あれは成田さんの曲だから、ユーフォニウムでメロディーをさらっと流したんですよ」との返答でした。

県民歌が制定されたのは1930（昭和5）年。私の生まれた次の年です。小学生のころから行事のたびに歌っていましたから、私はコーラスあっての県民歌だと考えました。

楽譜から想像力を膨らませ、1番を男声合唱、2番を混声合唱としました。出だしは弦楽器。途中から管楽器が入ってくる流れです。管弦楽器に加えてパイプオルガンやファンファーレも組み入れ、壮大なスケール感を表しました。秋田をたたえる思いを込め「交響讃《さん》頌《しょう》〝大いなる秋田〟」と命名しました。

70年6月、秋田市の県民会館で開かれた東京交響楽団の演奏会で初めて披露し、指揮台の上で浴びた万雷の拍手は生涯忘れられません。

89年には「大いなる秋田」に関する功績で石井さんと共に県民栄誉章を受章しました。明治100年記念事業で音楽を残そうとしたのは秋田県以外にありませんでした。当時の小畑勇二郎知事の考えは素晴らしかったと思います。その事業に関われたことが何よりの喜びです。

「大いなる秋田」は、佐藤菊夫シンフォニーコン

オーケストラ版「大いなる秋田」を演奏した第40回佐藤菊夫シンフォニーコンサート＝1984年、東京・五反田

サートをはじめ、これまで東京と秋田でブラス（吹奏楽）とオーケストラ版を合わせて15回ほど演奏しました。何度上演しても新たな興奮と感動を覚える特別な作品です。

曲作りで古里に貢献

古里とのつながりで手掛けた仕事も少なくありません。母校・土崎小学校の「土小賛歌」や旧鷹巣町（北秋田市）のグランド・カンタータ「たかのす讃歌《さんか》」は私の作曲です。

1973（昭和48）年、秋田高校創立100周年を記念して制定された「秋高賛歌」も作曲しました。卒業生だから頼みやすかったのでしょう。

話があったのは、その年の7月初めだったと思います。女子生徒の作った歌詞に曲を付けてほしいとの依頼でした。条件は7月20日までに完成させること。あまり日数がないのが気になりましたが、母校のためと引き受けました。

締め切りの数日前に仕上げて連絡すると、担当の教師が楽譜を受け取りに自宅に来ました。東京芸大のクラリネット科に在学の秋高卒業生も一緒でした。

その日のうちに夜行列車で秋田に戻ると聞き、「まだ時間があるから一杯やりましょう」と誘ったんです。すると、2人ともスコッチウィスキーをぐいぐいグラスで乾杯し、フラフラになってしまいました。わが家を後にする際、くれぐれも楽譜をなくさないよう念押ししました。

この年、夏の甲子園大会に秋田高校が出場しました。自宅でテレビ観戦していたら、聞き覚えのある曲が流れてくるではありませんか。よく聞くと「秋高賛歌」だったのです。作曲を急がせられたのは、高校野球の応援に間に合わせるためだったんだと気付きました。

87年に発表された「みなと曳山《ひきやま》車音頭」は、土崎経済同友会の創立30周年記念事業で歌詞を公募し、私が曲を付けました。土崎港曳山《ひきやま》まつりの

自分の指揮姿の人形が飾られた曳山の前で

長い歴史の中で、新曲の音頭が加わるのは初めてのことでした。

子どものころ、私が住む将軍野は曳山を出していませんでした。他町内の曳山に参加させてもらおうとしましたが、そろいの浴衣を着ていないために断られ、悔しい思いをしました。

でも音頭を作ったおかげで、指揮棒を振る私の人形が曳山に飾られたんです。童心に帰ったようにうれしかったですね。

幸之助さんの贈り物

音楽家としてさまざまな経験をしてきましたが、電子オルガンの開発は印象深いですね。

国産の電子オルガンではヤマハの「エレクトーン」が知られていますが、かつては家電・音響メーカーも開発・製造に力を入れ、激しい販売競争を繰り広げていました。

私が開発に携わったのは松下電器（現在のパナソニック）の「テクニトーン」です。昭和40年代初め、創業者の松下幸之助さんから「松下イコール裸電球というイメージを変えたい。力を貸してほしい」と、アドバイザー就任を要請されたのです。

松下はパイプオルガンの音を再現する分野で定評のあった米アーレン社の技術を導入しました。七つの音色を組み合わせて多様な音をつくるのですが、音を聞き分けたり、音の組み合わせについて助言できる音楽家を必要としていました。私は毎月、大阪に通い、技術者と実験や打ち合わせを重ねました。

展示演奏の企画も任されました。当時、新宿の小田急百貨店5階に松下の展示場があり、その中央にロココ調の彫刻を施したオルガンを配置しました。展示演奏用に特製した1台です。1日3回、演奏を披露するため、音楽大の新卒5人を採用して奏者として養成しました。

家内も自分のリサイタルや佐藤菊夫シンフォニーコンサートでオルガンを弾き、テクニトーンの紹介に一役買いました。「大いなる秋田」の演奏に使ったのもその一例でした。

アドバイザーは約30年務めました。テクニトーンは競争に勝てず生産を終えましたが、科学と縁遠い私にとって電子楽器の開発は得難い体験でした。

ロココ調オルガンは今、わが家にあります。新宿の展示場がなくなる時、ある女子大から4千万円で

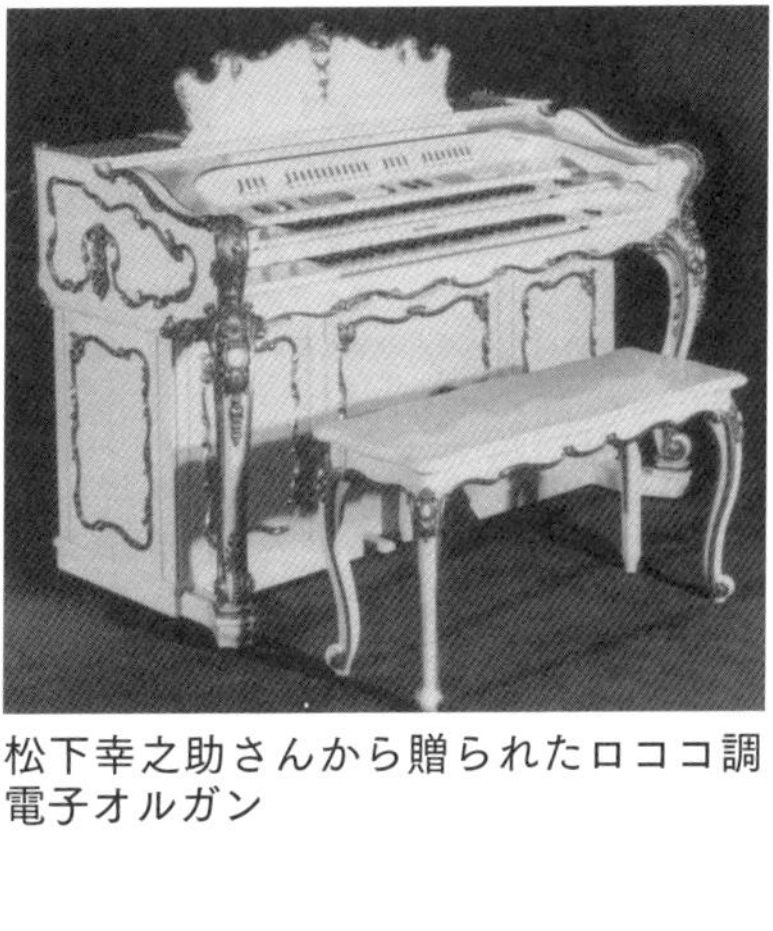

松下幸之助さんから贈られたロココ調電子オルガン

売ってくれないかという話があったといいます。幸之助さんは「開発に協力してくれた佐藤先生へのプレゼントだ」と言って断ったそうです。世界に一つだけの思い出の品です。

指揮者に終わりはない

謙虚な「帝王」に共感

基本的な指揮棒（タクト）の振り方で最も影響を受けたのは、ドイツのウォルフガング・サバリッシュ（1923〜2013年）です。オーケストラの総譜（スコア）を全て頭に入れ、理性と感情のバランスの取れた指揮をする人でした。NHK交響楽団（N響）の桂冠《けいかん》名誉指揮者でもありました。

目標としてきた指揮者といえば、「帝王」と呼ばれたカラヤンです。〈ヘルベルト・フォン・カラヤン（1908〜89年）はオーストリアの指揮者。55年、フルトベングラーの後任としてベルリン・フィルハーモニー管弦楽団の常任指揮者に就任した。一時、欧州楽壇の主要ポストを独占し、世界的な名声を得た〉

カラヤンは「人間にとって最高の合奏はコーラスだ」と言っています。楽器の音の基になっているのは人間の4声体（ソプラノ、アルト、テノール、バス）であり、4声体の最高の表現を生み出すのが指揮者の役目だといっています。

その言葉に共感し、コーラスに力を入れてきました。佐藤菊夫シンフォニーコンサートをきっかけに結成した横浜合唱研究会は今年51周年、娘が通った世田谷の小学校のママさんコーラスを母体とした「ムッティ・コーラス」は46周年。みんな熱心ですよ。

カラヤンとは何度か会ったことがあります。最初は大学生の時です。N響の招きによる日本公演でベートーヴェンの交響曲第9番を演奏した際、コーラスを務めたのが国《くに》立《たち》音楽大の学生で、私も一員でした。

ウィーン留学中には演奏会場にカラヤンを訪ねたことがあります。練習が始まる1時間前に着くと、もうカラヤンが来ていて、ステージマネジャーに奏者の椅子や譜面台の配置を指示していました。

名を成した巨匠の謙虚な姿勢に胸を打

1988年、大阪市でタクトを振るカラヤン

たれました。私も演奏会場に早く入り、ステージを見るようにしています。

ショパンで父を葬送

父新次郎は88歳、母テツは90歳まで長生きしました。ただ、6人の子どもの中で健在なのは私だけです。三つ下の末の妹澄子を含め、5人とも70代で他界しました。11月で86歳になる私は、長寿の両親に似たのかもしれません。

父の葬儀では、われわれきょうだいの他、私の家内、3人のおいとめいの計10人でショパンの「葬送行進曲」を演奏しました。父が結成した「佐藤アンサンブル」を1日だけ復活させたのです。音楽をこよなく愛した父にふさわしい送り方だったと思います。

音楽の素晴らしさを教えてくれた父は、私にとって英雄でした。父の死から程なく開いた佐藤菊夫シンフォニーコンサートでは、偶然にもベートーヴェンの交響曲第3番「英雄」と、リヒャルト・シュトラウスの交響詩「英雄の生涯」を選曲していました。

父が亡くなった4年後、母がこの世を去りました。母の米寿の祝いの時、子や孫たちで贈った歌がありました。日本船舶振興会（現日本財団）の初代会長だった笹川良一さんが詠んだ「母背負い　宮のきざはしかぞえても　かぞえつくせぬ母の恩愛」という歌に私が曲を付けたものです。葬儀では親族一同で混声合唱し、母にささげました。

きょうだいでは私以外にも、兄敏雄（次男）と姉セツ（長女）が音楽に関わる仕事に就きました。敏雄は秋田大教育学部音楽科の主任教授になりました。セツは小学校の教師で、合唱部や吹奏楽部も指導しました。退職後は秋田県教育事務所に勤務しました。

敏雄は１９６８（昭和43）年に結成された秋田市管弦楽団の初代常任指揮者でもありました。指揮者として一度だけ同じステージに立ったことがあります。市と秋田テレビが共催し、県民会館で開いたベートーヴェンの交響曲第９番の演奏会です。

敏雄が第１部の市管弦楽団と東京交響楽団の合同演奏で指揮台に立ち、私は第２部で第９の指揮を執りました。

秋田市管弦楽団の初代常任指揮者だった兄敏雄

音楽一家の者にしか味わえない喜びを感じましたね。この時のベートーヴェンの第9は、秋田県初演でした。改めて古里秋田に感謝しています。

孫の成長が生きがい

私には2人の孫がいます。一人娘でジャーナリストの眞理の子どもです。2人ともウィーンで生まれ育ちましたが、日本語はペラペラです。孫たちの成長が生きがいの一つですね。

娘は私たち夫婦が留学したウィーン国立音楽大と、ロンドンギルドホール音楽院でピアノと打楽器を学んだ後、オーストリア人の画家と結婚しました。娘の名前は「パッハー眞理」です。ウィーンで夫婦生活を送り、1男1女をもうけました。

姉のアリスは28歳になりました。ウィーン大を卒業し、現在、明治大大学院に留学中です。社会心理学の博士号取得を目指しながら助手をしています。ウィーン大から協定校の明治大に出張してくる教授の通訳をすることもあるそうです。

3歳下の弟がアンドレアス。私たちはアンディーと呼んでいます。彼はウィーン少年合唱団を経て、名門のショッテン・ギムナジウムを卒業。その後、アリスと同じウィーン大学を卒業。現在はパリ政治学院に籍を置き、外交官への道を歩み始めました。母国語のドイツ語と日本語のほか、英語、フランス語、ギリシャ語、ラテン語、中国語が話せます。

アンディーはかつて、「天使の歌声」で有名なウィーン少年合唱団に在籍していた時代、オーストリアと日本の二重国籍だったため、日本国籍を持つ初の団員でした。眞理は、息子がウィーン少年合唱団で活動するまでの様子をつづった「アウガルテン宮殿への道」という本を出版しています。

ウィーンで娘一家が暮らしたアパートは、私が購入しました。オーストリア皇帝一族が暮らした

娘一家と一緒に（中央）。左からアリス、妻清子、眞理、アンドレアス

世界遺産のシェーンブルン宮殿が窓から見える掘り出し物の物件でした。現在の住人はアンディーです。パリから帰ってくれば、また住む予定です。

ウィーンは私の第二の古里です。留学から帰国後も何十回と訪れていますが、77歳の時を最後に足が遠ざかっています。今は日本に家族が集まる機会が多いからです。

限界まで指揮棒振る

指揮者として心残りが二つあります。

一つは旧ソ連での修業が実現しなかったことです。東京交響楽団（東響）に在籍していた30代半ば、レニングラード（現サンクトペテルブルク）・フィルハーモニー交響楽団に2年間、派遣されることが決まっていました。楽団の常任指揮者で東側諸国の第一人者だったエフゲニー・ムラビンスキー（１９０３～88年）に師事するチャンスでした。

しかし、旧東響の経営破綻で計画は立ち消えになりました。偉大な指揮者に学ぶ機会を失ったことは未だに残念でなりません。

ソ連派遣が実現していたら、私の人生は大きく変わっていたでしょう。東側には優れた楽団が数多くありましたから、国際舞台で活躍できたかもしれません。でも、今さらそんなことを言っても仕方ない。名声が全てではありません。

私が目指してきたのは、音楽を通し人々に喜んでもらうこと、芸術の素晴らしさを知ってもらうことです。たくさんの支援者や弟子にも恵まれました。私の芸術観に共鳴してくれる人もいます。音楽家になってつくづく良かったと思います。

もう一つの心残りは、90回を目前に区切りを付けた佐藤菊夫シンフォニーコンサートです。89回というのはいかにも中途半端でしょう。体が許せば、節目のコンサートをぜひやりたい。

演目は考えています。戦後、旧制秋田中学で開いたレコード鑑賞会で小田島樹人《じゅじん》先生が「いいメロディーがあらぁな」とつぶやいたシューベルトの「未完成交響曲」や、私が編曲した「大いなる秋田」。何よりマーラーの交響曲第2番「復活」を披露したいですね。

指揮者には、これで終わりということは

尽きることのない指揮への意欲を語る＝2015年9月20日、東京・世田谷の自宅

ない。潔く身を引く人はいないんです。私も体力が続く限り、指揮棒を振り続けるつもりです。指揮棒はわが最愛の楽器です。

本書は秋田魁新報の連載記事「シリーズ　時代を語る」（2015年8月10日～9月25日）を一冊にまとめたものです。一部加筆・修正しました。

（聞き手＝叶谷勇人）

佐藤菊夫の軌跡

バイオグラフィー（伝記録）

1. 音楽家を志した動機

(1) 音楽好きの父より、3歳から打楽器、その後年齢を重ねるにつけアルトホルン、クラリネット、トロンボーン、ピアノなどの手解きを受ける。

(2) 旧制秋田中学時代に、童謡作家で音楽教師の小田島樹人先生より、音楽理論の個人指導を受ける。

(3) 戦後の殺伐とした時代に、自分の将来の指針と目標を考えたとき、(1)と(2)の影響によって、音楽家を志す強烈な情熱を抱くようになる。

2. 学　歴

(1) 昭和4（1929）年　秋田市土崎港に誕生
(2) 昭和11（1936）年　秋田市土崎小学校入学
(3) 昭和17（1942）年　秋田県立秋田中学校入学
(4) 昭和22（1947）年　秋田県立秋田中学校卒業

(5) 昭和24（1949）年　新潟大学入学
(6) 昭和25（1950）年　新潟大学中退
(7) 昭和25（1950）年　東京国立音楽大学入学
(8) 昭和29（1954）年　東京国立音楽大学卒業
(9) 昭和32（1957）年より36（1961）年　オーストリア国立音楽大学（指揮、作曲法を学ぶ）

3. 楽　歴

昭和28（1953）年、国立音大4年在学中に、東京交響楽団にトロンボーン奏者として入団。昭和33（1958）年ウィーンアカデミー管弦楽団及び、ウィーン古典合奏団に入団。オーストリア国をはじめ、ベルリン音楽祭、イギリス（ロンドン、ケンブリッジ）に演奏旅行。一方、クレームス古典音楽祭の他、オーストリア国シェルフ大統領の生誕70年を記念し、ホーフブルク宮において御前演奏に当たる。

昭和36（1961）年帰国後、東京交響楽団の指揮者に迎えられる。一方、チェコ交響楽団の常任指揮者スメターチェック氏の副指揮者を務める。また、東フィル、近衛響、東京シティフィル、札響、山形響、仙台フィルの客演指揮者の任に当たる。

その他、東京、横浜、東海各労音主催の〃シンフォニー・コンサート〃を担当。数々の邦人作品及び、オーケストラの傑作、名作の紹介に当たる。一方、青少年を対象とするコンサート及び音楽鑑賞を通しての情操教育に務める。

昭和36（1961）年より、母校国立音楽大学の教鞭を執り、オペラ、オーケストラ、コーラス、吹奏楽の多岐にわたり、33年間指導に当たる。

昭和38（1963）年より〃佐藤菊夫定期演奏会〃を開催。平成24（2012）年10月17日の〃第89回佐藤菊夫定期演奏会〃をもって終演。

4．所属楽団

(1) 昭和36（1961）年　東京交響楽団指揮者
(2) 昭和38（1963）年　東京合奏団結成。主宰と音楽監督を兼務。
(3) 昭和39（1964）年　東京合唱研究会、横浜合唱研究会創立。両常任指揮者に就任。
(4) 昭和46（1970）年　東京管弦楽団創設。音楽監督に就任。
(5) 平成2（1990）年　世田谷区民吹奏楽団創設。理事長兼音楽監督に就任。

5. 役職

(1) ㈶世界平和文化財団副総裁
(2) 世田谷区音楽連盟理事長
(3) ㈶せたがや文化財団評議員
(4) ㈱ＦＭ世田谷番組審議会委員
(5) 秋田市土崎経済同友会名誉会員
(6) 東京アサヒ会名誉会長
(7) 東京世田谷南ロータリークラブ・パスト会長
(8) 東京世田谷南ロータリークラブ特別栄誉功労会員

6. 褒賞

(1) 日本文化振興会より国際芸術文化賞
(2) 秋田県より秋田県民栄誉章
(3) 秋田県文化功労賞
(4) 世田谷区より特別文化功労章

(5) 沖縄県宮古島平良市より文化功労章
(6) 東京世田谷南ロータリークラブより職業奉仕賞
(7) 東京世田谷南ロータリークラブより特別栄誉功労賞
(8) オーストリア国より科学・芸術栄誉十字章勲一等

7. 信 条

(1) 至芸通神
(2) 和をもって美となす
(3) 一音入魂
(4) 怠らず　我が教えには　歳はなし

8. 作 曲

(1) 管弦楽、合唱その他（佐藤菊夫作品集）
(イ) グランド・カンタータ「たかのす讃歌」
(ロ) オラトリオ「春は遠い彼方へ」加藤日出男作詞

(ハ) 交響詩「港曳山音頭」
(ニ) 交響詩「みちのくの春」
(ホ) 祝典前奏曲「秋田高校創立百年」
(ヘ) 佐藤菊夫編曲（石井歓作曲）「交響讃頌〝大いなる秋田〟」
(ト) 佐藤菊夫編曲「管弦楽、混声合唱、ソプラノ独唱による小田島樹人童謡連曲」
(チ) 「トロンボーン六重奏曲（サムエル・シャイトの主題による）」

(2) 行進曲（佐藤菊夫作品集）

(イ) 「秋田高校賛歌」（創立百年）
(ロ) 「土崎小学校賛歌」
(ハ) 「凌雲館少年剣士」
(ニ) 「土崎柔道歌」
(ホ) 「秋田相互銀行賛歌」
(ヘ) 「キンジン工業社歌」
(ト) 「ロータリー賛歌」
(チ) 「ロータリーの椅子」

(リ)「世界を愛するロータリー」
(ヌ)「ロータリーは我が家族」
(ル)「アサヒ会祝典行進曲」
(ヲ)「沖縄県平良行進曲」
(ワ)「行進曲世田谷」
(カ)「TDK行進曲」
(ヨ)「東京経営短大祝典前奏曲」
(タ)「秋田相互音頭」
(レ)「キンジンきのこ音頭」

(3) 歌曲（佐藤菊夫作品集）

(イ)「母への賛歌」　笹川良一作詞
(ロ)「水のほとりに」　三好達二作詞
(ハ)「懐郷酒刻」　小舘善四郎作詞
(ニ)「アサヒ会会歌」　木村繁作詞
(ホ)「アサヒ会逍遥歌」　渡辺光治作詞

(ヘ)「RCの歓迎の歌」　牟田悌三作詞
(ト)「明るい未来のロータリー」　杉田二三男作詞
(チ)「君また会える」　杉田二三男作詞
(リ)「雪国秋田を後にして」　安田敦子作詞
(ヌ)「ふるさとに日がのぼる」　加藤日出男作詞
(ル)「京相音頭」　久保政治作詞
(ヲ)「ふるさとの春」　白滝一紀作詞
(ワ)「紙風船」　大友康二作詞
(カ)「雄物川の流れに」　吉田慶嗣作詞
(ヨ)「夕暮れて」　船木倶子作詞
(タ)「四季の詩」（津軽方言による）　小舘善四郎作詞
(レ)「鷲谷病院賛歌」　鷲谷澄夫作詞
(ソ)「風のエトランゼ」　萩月介作詞
(ツ)「一、二、三の歌」　大友康二作詞

9. LPレコード、CD、DVD、放映、放送

(1) 佐藤菊夫の指揮によるLP集

(イ) ショスタコーヴィッチ作曲「オラトリオ〝森の歌〟」

(ロ) 大木正夫作曲「グランド・カンタータ〝人間をかえせ〟」

(ハ) 清瀬保二作曲「レクイエム〝無名戦士〟」

(ニ) ベートーヴェン作曲〝第九〟

(ホ) 萩原英彦作曲「カンタータ〝詩篇第二三篇〟」

(ヘ) R.シュトラウス作曲「オルガンとオーケストラのための〝祝典前奏曲〟」

(ト) 市場幸介作曲「交響曲」

(チ) 安部幸明作曲「シンフォニエッタ」

(リ) G.ホルスト作曲「惑星」

(ヌ) R.シュトラウス作曲「英雄の生涯」

(ル) 石井歓作曲・佐藤菊夫編曲「交響讃頌〝大いなる秋田〟」

(2) 佐藤菊夫の指揮によるCD集

イ) 「交響讃頌〝大いなる秋田〟」

(ロ) スメタナ作曲「〝我が祖国〞全曲」
(ハ) モーツァルト作曲 〝戴冠ミサ〞&交響曲〝ジュピター〞
(ニ) ヴィヴァルディ作曲「〝四季〞全曲」
(ホ) バッハ作曲「ブランデンブルク協奏曲」(全曲)&「管弦楽組曲〝第二番〞」
(ヘ) フォーレ作曲「レクイエム」
(ト) ヘンデル作曲「王宮の花火」
「水上の音楽」「チェンバロ協奏曲」

(3) 佐藤菊夫の指揮によるDVD
(イ)「交響讃頌〝大いなる秋田〞」
(ロ) シューベルト作曲「ロザムンデ」
(ハ) ハイドン「チェンバロ協奏曲」
(ニ)「ウィンナーワルツ・ポルカ集」
(ホ) ヘンデル作曲「チェンバロ協奏曲」
(ヘ) ベートーヴェン作曲「第九」
(ト) ヴェルディ作曲「レクイエム」

R・ワグナー作曲（管弦楽名曲集）

(a)「さまよえるオランダ人」序曲

(b)「タンホイザ」序曲

(c)「トリスタンとイゾルデ」

(d)「ワルキューレ」の騎行

(e)「ローエングリン」前奏曲

(チ) サン・サーンス作曲「第三交響曲」

(リ) 邦人作品による名曲集

(a) 芥川也寸志―弦楽の為の三楽章

(b) 柳内調風―尺八と管弦楽の協奏曲

(c) 石井眞木―箏と管弦楽の協奏曲

(d) 安部幸明―シンフォニエッタ

(ヌ) (a) プロコフィエフ作曲〝ピーターと狼〟

(b) 佐藤菊夫編曲　小田島樹人の童謡メドレー〝おもちゃのマーチ〟

4) その他

「指揮者佐藤榮夫の放送界での活躍」

ＮＨＫ・ＴＶ「夜のコンサート」及び「同業夫妻の紹介」、ハイビジョンＴＶより、佐藤菊夫作曲のグランド・カンタータ「たかのす讃歌」、ベートーヴェンの「田園交響曲」はじめ、ＴＢＳ東京放送、日本放送、ＡＢＳ秋田放送、ＡＫＴ秋田テレビ、ＦＭ東京、ＦＭ世田谷、ＦＭ鎌倉など、多局より放映、放送されている。

定期演奏会プログラム

【第一回　一九六三年七月五日】

ベートーヴェン　〃レオノーレ〃序曲第三番
　交響曲第九番　〃合唱付〃

【第二回　一九六三年十一月八日】

ヴィヴァルディ　合奏協奏曲（作品三の八）
バッハ　チェンバロ協奏曲（第一番）
バッハ　チェンバロ協奏曲（第三番）
ヘンデル　合奏協奏曲（作品六の七）

【第三回　一九六四年七月六日】

ヘンデル＝ハーティ　管弦楽曲　〃水上の音楽〃
リスト　交響詩タッソ　〃悲哀と勝利〃

第１回佐藤菊夫コンサート

チャイコフスキー　交響曲第六番〝悲愴〟

【第四回　一九六五年十月七日】
ベルリオーズ　交響曲〝幻想〟
ショスタコーヴィッチ　オラトリオ〝森の歌〟

【第五回　一九六六年二月八日】
佐藤菊夫編曲　管弦楽による東北民謡集
シュトラウス　ワルツ・ポルカ名曲集
アメリカン・ミュージカル　「南太平洋」と「ウェストサイド物語」

【第六回　一九六六年十一月二三日】
清瀬保二　レクイエム〝無名戦士〟
ベートーヴェン　交響曲第九番〝合唱付〟

【第七回　一九六七年十一月九日】

ベートーヴェン　交響曲第五番〝運命〟

ヘンデル　オルガン協奏曲　作品四の一

ストラビンスキー　舞踊組曲〝火の鳥〟

【第八回　一九六八年五月三日】

ヨハン・シュトラウス　ワルツ・ポルカ集

プロコフィエフ　〝ピーターと狼〟

小山清茂　管弦楽のための信濃囃子

R・シュトラウス　オルガンと管弦楽のための祝典前奏曲（本邦初演）

【第九回　一九六八年十一月二五日】

浦田健次郎　東京百年祝典曲

ヴィヴァルディ　〝四季〟全曲

サン・サーンス　交響曲（第三番）

【第一〇回　一九六九年四月二八日】

ベートーヴェン　交響曲第三番〝英雄〟

ムソルグスキー　組曲〝展覧会の絵〟

R・シュトラウス　オルガンと管弦のための〝祝典前奏曲〟（本邦初演）

【第一一回　一九六九年十月二八日】

ブラームス　交響曲〝第四番〟

萩原英彦　カンタータ〝詩篇第二三篇〟（本邦初演）

【第一二回　一九七〇年四月二九日】

R・ワグナー　楽劇〝ニュールンベルクの名歌手〟

ファリヤ　舞踊組曲〝三角帽子〟

チャイコフスキー　交響曲〝第五番〟

【第一三回　一九七〇年十月二二日】

モーツァルト　歌劇〝フィガロの結婚〟序曲

J・S・バッハ　ブランデンブルク協奏曲〝第五番〟

プーランク　オルガンと管弦楽合奏とティンパニーのための協奏曲(本邦初演)

ベートーヴェン　交響曲〝第七番〟

【第一四回　一九七一年五月一八日】

スメタナ　交響詩〝我が祖国〟より〝モルダウ〟

シベリウス　交響曲〝第二番〟

石井歓作曲・佐藤菊夫編曲　交響讃頌〝大いなる秋田〟「管弦楽と大合唱、ソプラノ独唱、オルガン、ファンファーレ(トランペット、トロンボーン各六本)」

【第一五回　一九七一年十一月二八日】

モーツァルト　ジュピター交響曲

モーツァルト　ピアノ協奏曲（KV、四五〇）

モーツァルト　戴冠ミサ曲

【第一六回　一九七二年四月二三日】

B・ブリテン　青少年のための管弦楽入門
リスト　ハンガリー狂詩曲〝第二番〟
L・ミンクス　「ドン・キホーテ」より〝パ・ド・ドウ〟
外山雄三　管弦楽のためのラプソディ
アメリカン・ミュージカルより「マイ・フェア・レディ」「回転木馬」他

【第一七回　一九七二年十月一三日】

ベートーヴェン　交響曲　第六番〝田園〟
バッハ　チェンバロ協奏曲〝第一番〟
S・バーバー　祝典トッカータ（本邦初演）

【第一八回　一九七三年五月二日】

ストラビンスキー　舞踊音楽〝ペトルーシュカ〟

チャイコフスキー　交響曲〝第四番〟

【第一九回　一九七三年十一月二四日】

ヴェルディ　〝レクイエム〟（全曲）

【第二〇回　一九七四年四月二九日】

ブラームス　交響曲〝第一番〟

石井歓作曲
佐藤菊夫編曲　交響讃頌〝大いなる秋田〟

（管弦楽と大合唱・ソプラノ独唱・パイプオルガン及び各六本

によるトランペットとトロンボーンのファンファーレ）

【第二一回　一九七四年十月一九日】

シューベルト　交響曲〝第八番〟未完成

G・マーラー　交響曲〝第一番〟巨人

【第二二回　一九七五年三月一三日】

モーツァルト　交響曲〝ト短調〟

デュカ　交響詩〝魔法使いの弟子〟

コープランド　オルガンと管弦楽のための〝交響曲〟（本邦初演）

【第二三回　一九七五年十一月八日】

チャイコフスキー　幻想的序曲〝ロミオとジュリエット〟

プーランク　チェンバロ協奏曲〝田園〟（本邦初演）

ブラームス　交響曲第二番〝ハ長調〟

【第二四回　一九七六年四月十日】

ベートーヴェン　交響曲第一番〝ハ長調〟

交響曲第九番〝合唱付〟

【第二五回　一九七六年十一月三日】
チャイコフスキー　弦楽のためのセレナーデ
J・S・バッハ　チェンバロ協奏曲〝イ長調〟
ハイドン　テレジア・ミサ曲〝変ロ長調〟（本邦初演）

【第二六回　一九七七年六月二五日】
ベートーヴェン　交響曲〝第八番〟
ラフマニノフ　ピアノ協奏曲〝第二番〟
レスピーギ　交響詩〝ローマの松〟

【第二七回　一九七七年十二月一日】
大木正夫　組曲〝五つのおとぎ話〟
J・シュトラウス　〝ワルツァーシュトラウス〟
ポルカ（〝かじや〟〝狩〟）
ワルツ（〝美しく青きドナウ〟）

R・ロジャース　〝サウンド・オブ・ミュージック〟より

【第二八回　一九七八年六月八日】

ヘンデル＝ハーティ　管弦楽組曲〝水上の音楽〟

サン・サーンス　ヴァイオリン協奏曲〝第三番〟

ドヴォルジャーク　交響曲〝第八番〟

【第二九回　一九七八年十二月六日】

ヴィヴァルディ　四季より〝秋〟〝冬〟

バッハ　四台のチェンバロ協奏曲

ブルックナー　交響曲第四番〝ロマンチック〟

【第三〇回　一九七九年四月三〇日】
小山清茂　交響詩〝信濃ばやし〟
丸山　豊作詞
團伊玖磨作曲　管弦楽と混声合唱のための組曲〝筑後川〟
石井　歓作曲
佐藤菊夫編曲　交響讃頌〝大いなる秋田〟

【第三一回　一九七九年十月一九日】
モーツァルト　交響曲第三五番〝ハフナー〟
ファリヤ　チェンバロ協奏曲（本邦初演）
ヴィヴァルディ　〝グローリア〟

【第三二回　一九八〇年四月三〇日】
ブラームス　ハイドンの主題による変奏曲
リスト　ピアノ協奏曲〝第一番〟

ショスタコーヴィッチ　交響曲〝第五番〞

【第三三回　一九八〇年九月一六日】

芥川也寸志　弦楽のための三楽章
モーツァルト　フルート協奏曲〝第二番〞
メンデルスゾーン　交響曲第四番〝イタリア〞

【第三四回　一九八一年五月二六日】

ハイドン　交響曲第一〇〇番　ト長調〝軍隊〞
ホルスト　大管弦楽組曲〝惑星〞作品三二

【第三五回　一九八一年十二月十二日】

ベートーヴェン　〝荘厳ミサ曲〞（全曲）

【第三六回　一九八二年四月二九日】

ヴェルディ　序曲〝運命の力〟

ベートーヴェン　ピアノ協奏曲第五番〝皇帝〟

ショーソン　交響曲〝変ロ長調〟

【第三七回　一九八二年十月一三日】

ガーシュイン　パリーのアメリカ人

グローフェ　組曲〝グランド・キャニオン〟

R・ロジャース　〝サウンド・オブ・ミュージック〟より

【第三八回　一九八三年五月三〇日】

バッハ　ブランデンブルグ協奏曲（全曲）

【第三九回　一九八三年一二月五日】

ベートーヴェン　交響曲第三番〝英雄〟

R・シュトラウス　交響詩〝英雄の生涯〟

【第四〇回　一九八四年七月一日】

外山雄三　管弦楽のための〝ラプソディ〟

市場幸介　交響曲（本邦初演）

石井　歓作曲
佐藤菊夫編曲　交響讃頌〝大いなる秋田〟

【第四一回　一九八四年十一月六日】

サン・サーンス　交響詩〝死の舞踊〟

ヴァンサン・ダンディ　フランス山人の歌による交響曲

エクトル・ベルリオーズ　幻想交響曲

【第四二回　一九八五年五月一日】

ワグナー　序曲〃タンホイザー〃

ワグナー　ヴェーゼンドンクの五つの詩

プロコフィエフ　舞踊組曲〃ロミオとジュリエット〃

【第四三回　一九八五年十二月四日】

ベートーヴェン　序曲〃レオノーレ〃第三番

ベートーヴェン　交響曲第九番〃合唱付〃

【第四四回　一九八六年五月一四日】

安部幸明　シンフォニエッタ

モーツァルト　ホルン協奏曲〃第三番〃

ムソルグスキー＝ラヴェル　組曲〃展覧会の絵〃

【第四五回　一九八六年十二月十日】

バッハ　管弦楽組曲（全曲）

【第四六回　一九八七年六月一日】

ブラームス　交響曲〝第三番〟ヘ長調作品九〇

石井真木　箏と管弦打楽のための〝雅影〟

ハチャトウリアン　舞踊組曲〝ガイーヌ〟

【第四七回　一九八七年十一月二九日】

ドヴォルジャーク　交響曲〝新世界〟

ショスタコーヴィッチ　オラトリオ〝森の歌〟

【第四八回　一九八八年五月三一日】

メンデルスゾーン　交響曲第五番〝宗教改革〟

ショパン　ピアノ協奏曲〝第一番〟

ラフマニノフ　交響的舞曲

【第四九回　一九八八年十月二九日】

ヴィヴァルディ　〝四季〟（全曲）

モーツァルト　フルートとハープのための〝協奏曲〟

モーツァルト　交響曲〝第二九番〟

【第五〇回　一九八九年五月二八日】

山田耕筰作曲・高澤智昌編曲　〝源氏楽帖〟

サン・サーンス　交響曲第三番〝オルガン付〟

石井歓作曲・佐藤菊夫編曲　交響讃頌〝大いなる秋田〟

【第五一回　一九八九年十一月二〇日】

「ウィンナーワルツ・ポルカの夕べ」

第一部

(1)喜歌劇〝蝙蝠〟　(2)ワルツ〝春の声〟　(3)ポルカ〝アンネン〟

(4)〝トリッチトラッチ〟　(5)ワルツ〝南国のバラ〟　(6)ポルカ〝かじや〟

(7)〝狩〟　(8)ワルツ〝芸術家の生涯〟　(9)ポルカ〝ピッチカート〟

(10) 〝雷鳴と稲妻〟

第二部 (1)喜歌劇 〝ジプシー男爵〟 (2)ワルツ 〝ウィーン気質〟
(3)ポルカ 〝クロプフェンの森で〟 (4)〝無窮動〟
(5)ワルツ 〝ウィーンの森の物語〟 (6)マーチ 〝エジプト〟 (7)ワルツ 〝皇帝〟

【第五二回 一九九〇年七月二日】

ベルリオーズ 序曲 〝ローマの謝肉祭〟
モーツァルト 協奏交響曲 〝変ホ長調〟
フランク 交響曲 〝ニ短調〟

【第五三回 一九九〇年十二月三日】

モーツァルト 弦楽セレナーデ
ヘンデル チェンバロ協奏曲 〝作品四の一〟
バッハ 二台のチェンバロのための協奏曲 〝ハ短調〟
レスピーギ 小管弦楽組曲 〝鳥〟

【第五四回　一九九一年六月八日】

シューマン　交響曲第三番〝ライン〟

グノー　聖シチリア〝荘厳ミサ曲〟

【第五五回　一九九一年十二月二六日】

モーツァルト　交響曲第四一番〝ジュピター〟

ベートーヴェン　交響曲第九番〝合唱付〟

【第五六回　一九九二年六月二一日】

スメタナ　歌劇〝売られた花嫁〟序曲

チャイコフスキー　ピアノ協奏曲〝第一番〟

コダーイ　〝ハリ・ヤーノシュ〟組曲

【第五七回　一九九二年十二月二六日】

第一部　ウィンナーワルツ・ポルカ集

【第五八回　一九九三年五月二日】

「ヘンデルの夕べ」

合奏協奏曲〝作品六の九〟
チェンバロ協奏曲〝作品七の四〟
組曲〝水上の音楽〟より
〝アレキサンダーの饗宴〟
チェンバロ協奏曲〝作品七の六〟
組曲〝王宮の花火〟より

【第五九回　一九九三年十一月二一日】

グリンカ　歌劇〝ルスランとリュドミラ〟序曲
ドヴォルジャーク　チェロ協奏曲
チャイコフスキー　交響曲第五番〝ホ短調〟

【第六〇回　一九九四年七月一七日】
ワグナー　〝ローエングリン〟第三幕への前奏曲
ベートーヴェン　交響曲第六番〝田園〟
佐藤菊夫　グランド・カンタータ〝たかのす〟

【第六一回　一九九四年十一月二四日】
ウェーバー　〝魔弾の射手〟序曲
柳内調風作曲・平野行男編曲　尺八と管弦楽のための楽曲〝風飛翔〟
ブラームス　交響曲第一番〝ハ短調〟作品六八

【第六二回　一九九五年六月二五日】
スメタナ　交響詩〝我が祖国〟（全曲）

【第六三回　一九九五年十一月一八日】
「モーツァルトの夕べ」　交響曲第三九番〝変ホ長調〟

オーボエ協奏曲　〃ハ長調〃
ファゴット協奏曲　〃変ロ長調〃
交響曲第四〇番　〃ト短調〃

【第六四回　一九九六年五月一三日】
カバレフスキー　管弦楽組曲　〃道化師〃
プロコフィエフ　音楽童話　〃ピーターと狼〃
小田島樹人作曲・佐藤菊夫編曲　管弦楽と混声合唱、ソプラノ独唱による
童謡連曲　〃おもちゃのマーチ〃

【第六五回　一九九六年十一月四日】
ヴェルディ　〃レクイエム〃（全曲）

【第六六回　一九九七年五月二日】

ブラームス　ピアノ協奏曲〝第二番〟

R・ワグナー　序曲・前奏曲珠玉集より

(1)歌劇〝さまよえるオランダ人〟より序曲

(2)歌劇〝タンホイザー〟より序曲

(3)〝トリスタンとイゾルデ〟前奏曲と愛の死

(4)ワルキューレの騎行

【第六七回　一九九七年十月三日】

ブラームス　ヴァイオリンとチェロのための〝協奏曲〟

シューベルト　交響曲第九番〝グレイト〟

【第六八回　一九九八年六月二一日】

芥川也寸志　弦楽のための三楽章

G・F・ヘンデル
西川清子編曲　チェンパロ協奏曲より
〝作品七―五〟〝作品七―三〟

【第六九回　一九九八年十一月一七日】
ヨーハン・シュトラウスⅡ世珠玉集
⑴喜歌劇〝ジプシー男爵〟序曲
⑵ワルツ〝レモンの花咲くところ〟
⑶ポルカ〝アンネン〟〝雷鳴と電光〟
⑷ワルツ〝皇帝〟
ガーシュイン生誕百年記念
⑴ラプソディ・イン・ブルー
⑵パリーのアメリカ人

【第七〇回記念　一九九九年六月一三日】
佐藤菊夫作曲　グランド・カンタータ〝たかのす〟
石井歓作曲・佐藤菊夫編曲　交響讃頌〝大いなる秋田〟

【第七一回　一九九九年十一月二七日】
ヴィヴァルディの夕べ
(1)〝四季〟(全曲)
(2)独唱と合唱とオーケストラのための〝グローリア〟

【第七二回　二〇〇〇年六月四日】
世田谷区民吹奏楽団創立十周年記念演奏会
(1)R・ワグナー　〝ニュールンベルクの名歌手〟
(2)リムスキー・コルサコフ　〝トロンボーン協奏曲〟
(3)ホルスト　組曲〝惑星〟他

【第七三回　二〇〇〇年十一月一五日】
モーツァルト珠玉集　歌劇〝魔笛〟序曲
交響曲〝ジュピター〟
〝レクイエム〟ニ短調

【第七四回　二〇〇一年六月九日】

ロッシーニ　〝ウィリャムテル〟序曲

チャイコフスキー　〝弦楽セレナード〟ハ長調

ベートーヴェン　交響曲第五番〝運命〟

【第七五回　二〇〇一年十一月二二日】

〝バロック音楽〟珠玉集

ヴィヴァルディ　(1)〝合奏協奏曲〟作品三の八

テレマン　(2)〝ターフェルムジーク〟第三集、第一番

(3)〝序曲〟変ロ長調

バッハ　(4)〝ブランデンブルク協奏曲〟第五番

ヘンデル　(5)組曲〝水上の音楽〟

【第七六回　二〇〇二年五月一九日】

ラインベルガー　〝スターバト・マーテル〟

八木重吉作詩・千秋次郎作曲　混声合唱と管弦楽の〝花と空と祈り〟

甲田潤編曲　オーケストラとコーラスのための〝ポップ珠玉集〟

【第七七回　二〇〇二年十一月二三日】

〝ハイドン名曲コンサート〟　交響曲第九四番　ト長調〝驚愕〟

トランペット協奏曲〝変ホ長調〟

チェロ協奏曲第二番〝ニ長調〟

交響曲第一〇一番　ニ長調〝時計〟

【第七八回　二〇〇三年十二月一三日】

リスト　交響詩〝前奏曲〟

柳内調風作曲・平野行男編曲　尺八と管弦楽のための楽曲〝風飛翔〟

チャイコフスキー　第四交響曲

【第七九回　二〇〇四年五月二六日】

ヤナーチェック　弦楽のための組曲

ヘンデル　オルガン協奏曲〝作品七の三〟

シューベルト　ミサ曲〝ト長調〟

【第八十回記念　二〇〇四年十一月七日】

ロジャース＆ハマースタイン共作・佐藤菊夫企画・構成・演出による演奏会形式

〝サウンド・オブ・ミュージック〟より

石井歓作曲・佐藤菊夫編曲　交響讃頌〝大いなる秋田〟

【第八一回　二〇〇五年六月二六日】

エルガー作曲、ファン・レインスホーテン編曲

行進曲〝威風堂々〟第一番、第四番

グラズーノフ　サクソフォン協奏曲〝変ホ長調〟

チャイコフスキー　交響曲〝第四番〟

【第八二回　二〇〇六年六月二一日】
「モーツァルト生誕二五〇年記念」　交響曲第一番　変ホ長調
交響曲第四一番　ハ長調　〝ジュピター〟
戴冠ミサ曲　〝ハ長調〟

【第八三回　二〇〇六年十二月一六日】
ベートーヴェン　序曲　〝エグモント〟
交響曲第九番　ニ短調　〝合唱付〟

【第八四回　二〇〇七年六月一八日】
リスト　〝ハンガリー狂詩曲〟第二番
ラフマニノフ　〝ピアノ協奏曲〟第二番
チャイコフスキー　交響曲第六番　〝悲愴〟

【第八五回　二〇〇九年六月二五日】

芥川也寸志　〝弦楽のための三楽章〟

コッホ　フルートと弦楽合奏のための〝田園小協奏曲〟（本邦初演）

バッハ　管弦楽組曲第二番〝ロ短調〟

ヘンデル　オラトリオ〝メサイア〟より抜粋

【第八六回　二〇〇九年十二月一日】

「ヘンデル没後二五〇年記念」

(1)管弦楽組曲〝水上の音楽〟

(2)チェンバロ協奏曲〝作品七の一〟（西川清子編曲）

(3)管弦楽組曲〝王宮の花火〟

【第八七回　二〇一〇年六月二七日】

福島弘和　祝典序曲〝祈りは時の流れに輝く〟

渡辺公一　〝高度な技術への指標〟

スパーク　ユーフォニアムと吹奏楽のための〝ハーレクィン〟
石井歓作曲・佐藤菊夫編曲　交響讃頌〝大いなる秋田〟

【第八八回　二〇一一年七月三日】
「佐藤・西川夫妻のオーストリア国『科学・芸術栄誉十字章勲一等』受章記念」
シューベルト　〝ロザムンデ〟序曲
ハイドン　チェンバロ協奏曲〝ニ長調〟
J・シュトラウス　〝ワルツ〟〝ポルカ〟集

【第八九回　二〇一二年十月一七日】
チャイコフスキー　交響曲第四番〝へ短調〟
源田俊一郎編曲　管弦楽と混声合唱のための〝唱歌メドレー〟
團伊玖磨作曲　管弦楽と混声合唱のための組曲〝筑後川〟

三つの故郷を持つ私

——あとがきにかえて

第一の故郷は秋田の土崎港

私の第一の故郷は、秋田県秋田市土崎港《つちざきみなと》である。奥羽山脈や出羽山地の清涼な水を集めて日本海に注ぐ雄物川の河口にある。古代から大陸との交流が行われ、藩政時代には北前船の舟運で栄えた港町だ。

昭和四年十一月四日、冬の日本海の荒波を目の前にしたこの町に父・新次郎、母・テツの間に四男として私は生まれた。父は当時から土崎港きっての音楽愛好家だったが、私は少年時代を通して音楽家になることを運命づけられたように思ったことはない。しかし、土崎港の、時に美しく、時に激しい自然が、私を音楽の原点に引き付けたことは確かである。

父は少年時代から邦楽が大好きで、尺八や三味線、剣舞を能くしたという。その後、明治四十五年ごろ、地元の国鉄土崎工場に四十人編成の吹奏楽団が創立され、同楽団への入団の一念に燃え、国鉄職員となった。そして数種の楽器をマスターし、そ

れたもとで、洋楽器の表現能力の素晴らしさを知り、西洋音楽への愛着が一気に高まったといえる。

その後、国鉄を退職し、製綿業を自営業とし、その収益を懐に上京し、楽器収集に奔走。そして町の音楽愛好家を集め、土崎管弦楽団を結成した。昭和初期の地方都市で西洋音楽に親しむだけでなく、小管弦楽団を創設するだけでも当時の秋田では、想像もつかない程に珍しいことで、父はいかに管弦楽を愛していたかがうかがわれる。

私の兄弟六人は幼少から何かしらの楽器の手ほどきを父から受け、私は三歳で小太鼓を習い、囲炉裏の縁を叩いてリズムの練習をし、四、五歳でアルトホルンを教わった。体が小さく楽器を抱えることさえままならず、父のあぐらの中で練習したことを思い出す。その後、ユーフォニューム、トロンボーン、クラリネットなどを教わった。六人の兄弟姉妹に父がアンサンブルの練習を強制したのは、私が小学校入学時のころだった。父がリーダーになり、母を除く七人全員でアンサンブルを毎夕五時半から七時まで、リハーサルをするのを日課とした。そして、秋田県主催の音楽祭やＮＨＫ秋田放送局のラジオに出演するなど、人々から大変喜ばれた。

ここで思い出すのは、戦中のオーストリアを舞台とした音楽一家の物語「サウンド・オブ・ミュージック」である。ミュージカル、そして映画となり、多くの観客を魅了したあの物語と比較すると、お恥ずかしい限りだが、同時期に東北・秋田の地に音楽愛好一家が存在していたことを思うと、私は苦笑せざるを得ない。そしてその中の一人、私がオーストリアに赴くことになろうとは。

私は太平洋戦争中の昭和十七年に旧制秋田中学に入学し、当然のようにブラスバンド部に入部する。ここで童謡作曲家の小田島樹人先生に師事し、個人的に作曲理論を学ぶ。その他多くの音楽愛好家の友人とも出会い、音楽の楽しみを知ることになる。

日中戦争から太平洋戦争へと拡大し、中学校のクラブ活動はもちろん、授業もままならず、中学四年の終戦時は、国鉄土崎工場に勤労動員され、そして秋田中学在学中の昭和二十年八月十五日に終戦。しかも終戦前夜には我が家から二キロしか離れていない日本石油土崎製油所の石油タンクに、米軍B29爆撃機の大編隊はおびただしい数の爆弾を十五日未明にかけて投下し続けた。そして終戦。すさまじい混乱と荒廃の中で、私は新潟大学へ進学。しかし、この荒れ果てた時代にこそ、私には音楽が必要なのではないか、と強く考えるようになる。

新潟大学を一年余で中途退学し、上京して国立音楽大学に進学。トロンボーンを本格的に学ぶ。戦後、国立音楽大学が新制大学として認可された第一期生であった。そして同音大の管弦楽団では、団員選挙により三年間も毎年インスペクター（団長）に選任される。その後、四年在学中に、東京交響楽団のトロンボーン正団員に採用され、プロのオーケストラ・プレーヤーとしての本格的な活動が始まったのである。

第二の故郷はオーストリア国ウィーン

私は国立音楽大学を卒業して三年が経ち、東京交響楽団の首席トロンボーン奏者として演奏活動に精励していた。昭和三十一年、我が国は戦後十一年を迎え、経済成長が徐々に進展していたが、日本とオーストリア国間では当時、公費留学制度がなく、日本の文部、外務両省の定める私費留学制度に頼るしか留学の道はなかった。当時、家内はピアニストとして活躍していたが、後に日本のチェンバロ奏者の草分けとして、多くのバロック音楽やチェンバロの本格的な演奏を研究する希望を持っていた。私とは国立音大の同期生で、家内からは真剣にチェンバロの相談を受けていた。最終的にその希望を果たすためには、私費留学試験に合格することが第一関門だった。合格の喜びは、今もって忘れることが出来ない。「そのためには結婚して留学したらどうか」という両家の希望や縁談の勧めもあり、急きょ留学前に結婚式を挙げ、ウィーンに出発することになった。結婚式は東京交響楽団の演奏に祝福され、賑やかに挙行され、その二日後に数百人の親戚、友人、知人、送別者の「万歳」の歓呼の声に送られ、羽田空港を飛び立った。そして、北極経由二十四時間のプロペラ機の旅を終え、ウィーン空港に降り立ったのである。留学受け入れは、ウィーン国立アカデミー（現ウィーン国立音楽大学）で、私は指揮法をハンス・スワロフスキー教授に、作曲法をフリードリッヒ・ヴィルドガンス教授に師事。一方、家内はチェンバロをエタ・ハーリッヒ・シュナイダー女史に師事。ウィーンの四年間の勉強が始まったのである。

ウィーンは名実ともに音楽の都である。中央ヨーロッパに位置し、かつてのハプスブルク王朝は多民族国家であり、優れた文化が集まった国である。そして、文化の融和と交流の地であることは、私たちの留学時も現在も変わっていない。

私はアカデミー管弦楽団でトロンボーン首席奏者を務め、「ポザウネのサトー」（ポザウネとは独語でトロンボーンのこと）と呼ばれ、同期のインド出身のズービン・メータはコントラバスの名手で、時には指揮台でもライバル同士となった。（現在では国際的な指揮者として活躍。日本へもしばしば来訪している）

一方、私はウィーン古典合奏団にバロックトロンボーン奏者として参加した。ヨーゼフ・メルティン教授の指揮下でロンドン、ケンブリッジを始め、オーストリアのクレームス古典音楽祭にも参加。その後、昭和三十四年、シェルフ・オーストリア大統領の「生誕七十年祝賀」の御前演奏会がホーフブルク宮で行われ、光栄にも私がウィーン古典合奏団の指揮者の一人に指名され、終演後、大統領より絶賛を受けたことが忘れられない思い出である。

日本の戦後復興が本格的に始まろうとする昭和三十六年に、満二歳になろうとする娘・眞理とともに親子三人は帰国の途に就いた。帰路はスエズ運河を経ての海路の旅で、四十日を要し、沖縄近海では大暴風雨に見舞われ、難破の危機に遭遇し、忘れ得ぬ命拾いの帰国の船旅となった。

私は帰国後、毎年数回、訪欧の機会に恵まれている。

その後、娘が日本の高校を卒業し、ウィーン音楽大に留学するようになって、快適なウィーン生活を過ごしている。ウィーンの住居は、世界遺産でも有名なマリア・テレジア女帝の離宮シェンブルンの近所で、私は家内とウィーンを訪れる度に、第二の故郷に感動を覚えている。

第二の故郷は東京・世田谷

四年間のウィーン留学生活を終え、昭和三十七年、東京世田谷に住む家内の両親の家に同居することになり、まず一安心。在籍中の東京交響楽団へ帰国の挨拶に、次は母校の国立音楽大学へ挨拶に伺った。

東京交響楽団の橋本堅三郎《けんざぶろう》団長は早速、TBS東京放送から流れる「サントリーウイスキー社・寿屋の贈る百万人の音楽会」に私の指揮、家内のチェンバロ独奏によるバッハの「チェンバロ協奏曲」の演奏を推薦してくれた。その上、テレビ番組ではTBS「東響アワー」の放映で、ベートーヴェンの「第八交響曲」とベルリオーズの「ローマの謝肉祭」の指揮に抜擢、視聴者からは拍手喝采を受ける。一方、コンサートでは東京交響楽団のほか、東京フィル、仙台フィル、山形フィルなどの客演指揮者に推薦され、各オーケストラの定期公演のほか、多数の邦人作品の紹介にも努めたのである。特に東京労音主催による大木正夫作曲グランド・カンタータ「人間をかえせ」及び清瀬保二作曲レクイエム「無名戦士」はともに本邦初演で、大センセーションを巻き起こすほどの人気だった。その後も労音活動は続き、東京、横浜、横須賀のほか、藤沢、静岡、浜松、名古屋一帯にわたる「労音コンサート」は大盛況裡とともに、大歓迎を受けた。その成果により、母校国立音大の有馬大五郎学長からはオペラ、オーケストラ、コーラス、ブラスの各指導の依頼を受け、三十数年の長期にわたる大学教師を全うした。

私たち夫婦は大学退職後も日本・オーストリア両国間の音楽、文化及び経済交流には多少なりとも協力を惜しまなかった。その功績に対し、オーストリア国より平成二十三年、「科学・芸術栄誉十字章勲一等」を受勲したのである。

「佐藤菊夫の第三の故郷は世田谷である」と称する区民も多い。それに応え、私たち夫婦は「世田谷のキャンバスに謹んで音楽の花園を捧げたい」と謙虚に返礼の言葉を贈っている。現在、世田谷区では世田谷管弦楽団、世田谷区民吹奏楽団、世田谷区民合唱団の三団体を世田谷音楽団体連盟と称し、区は理事長を私に任命し、目下、世田谷区の音楽文化の向上発展に寄与すべく精進している。

秋田魁新報に連載の「シリーズ　時代を語る」を単行本にまとめる企画について秋田魁新報社の東京支社編集部長の叶谷勇人氏と出版部の大和田滋紀氏より相談を受けた。私は職業柄、自作の楽譜やＬＰレコード、ＣＤ、ＤＶＤの演奏録音版、また数々のコンサートプログラムを出版している。しかし、今回の企画は現代日本の楽界に織り込まれる歴史的伝統を伝えるものであり、私の自叙伝でもある。また、かかる楽界の一面を皆様にご理解いただけるのも、誠に光栄の至りであり、歓喜にたえない。ここにあらためて秋田魁新報社に衷心より感謝の意を表する次第である。

平成二十八年十月

佐藤　菊　夫

指揮棒はわが最愛の楽器なり

定　　価	本体 800円＋税
発 行 日	2016年10月27日
編集・発行	秋田魁新報社
	〒010-8601 秋田市山王臨海町1－1
	Tel. 018(888)1859
	Fax. 018(863)5353
印刷・製本	秋田活版印刷株式会社

乱丁、落丁はお取り替えします。

ISBN978-4-87020-386-0 c0223 ¥800E